Extracurricular Reading Enjoyment Quality improvement

快乐悦读艺术知识

最新鲜的百科知识   前所未有的想象力激发方式   最酷炫的探秘信息

段姝 编著

经典图书
珍藏版

中国出版集团
现代出版社

图书在版编目（CIP）数据

快乐悦读——艺术知识／段姝编著 . — 北京：
现代出版社，2012.9（2024.1）
（快乐悦读）
ISBN 978 - 7 - 5143 - 0717 - 7

Ⅰ. ①快… Ⅱ. ①段… Ⅲ. ①艺术 - 青年读物②艺术
- 少年读物 Ⅳ. ①J - 49

中国版本图书馆 CIP 数据核字 （2012） 第 204165 号

快乐悦读——艺术知识

编　　著	段　姝
责任编辑	杨学庆
出版发行	现代出版社
地　　址	北京市安定门外安华里 504 号
邮政编码	100011
电　　话	010 - 64267325　010 - 64245264（兼传真）
网　　址	www. 1980xd. com
电子信箱	xiandai@ vip. sina. com
印　　刷	三河市人民印务有限公司
开　　本	710mm × 1000mm　1/16
印　　张	14. 5
版　　次	2012 年 9 月第 1 版　2024 年 1 月第 9 次印刷
书　　号	ISBN 978 - 7 - 5143 - 0717 - 7
定　　价	59. 80 元

　　艺术是通过塑造形象以反映社会生活的一种社会意识形态，是人类把握现实、表现思想感情和实现审美理想的特殊方式。艺术作品属于人类精神领域成果，能够对人们的精神世界有所作用，或多或少地影响人们的情感、意志以至世界观。优秀的艺术作品能够陶冶情操，美化心灵，增长知识，提高精神境界。

　　人类创造了艺术，艺术也反过来作用于人类。"没有艺术，人类生活便会黯然失色。"因为有了艺术，才使得人类的生活变得五彩缤纷且饶有趣味，人类也正因为艺术的创造和鉴赏而体验到自豪感和幸福感，并因此确证着人的本质力量。

　　艺术活动包括艺术创造和艺术欣赏这两个相互依存、相互促进的方面。艺术创造是艺术家在生活的基础上，运用不同的物质材料，创造出可供欣赏的典型艺术形象。各个艺术门类的艺术活动是不同的，它们有着不同的物质材料、表现手段，形成自己独特的艺术特征。离开了自己独特的艺术特征，便谈不上美的创造和欣赏。艺术欣赏则是人们以艺术作品为对象的审美活动，欣赏者在艺术作品的基础上，结合自身的生活经验，通过感受、体验、领悟，进而注入自己富有个性的想象，对艺术作品进行"再创造"，从而丰富艺术作品的精神内涵。

艺术领域广阔，种类繁多，并随着社会的进步、科学技术的发明创造和自身经验的积累而不断发展和出新。书法、绘画、雕塑、建筑、音乐、舞蹈、戏剧、电影等任何可以表达美的行为或事物，皆属艺术。

　　全书共分8章，分别为凝固的雕塑世界、建筑中的美学、绘画天地、永恒的旋律、影视博览、戏剧艺术、动感的人体美、中国书法欣赏。

　　由于艺术种类繁多，涉及面广，在编撰时难免有所疏漏，不足、不妥之处，望广大读者批评指正。

CONTENTS

目录 快乐悦读——艺术知识
KUAILE YUEDU YISHU ZHISHI

凝固的雕塑世界

KUAILE YUEDU YISHU ZHISHI

　　雕塑是造型艺术的一种，是雕、刻、塑三种创制方法的总称，指用各种可塑材料（如石膏、树脂、黏土等）或可雕、可刻的硬质材料（如木材、石头、金属、玉块、玛瑙、铝、玻璃钢、砂岩、铜等）创造出具有一定空间的可视、可触的艺术形象，借以反映社会生活，表达艺术家的审美感受、审美情感、审美理想的艺术。作为人类最古老的艺术之一，雕塑的历史几乎和人类的历史一样漫长。在漫长的历史中，不同时代的人们以不同的方式留下了数不胜数的伟大的雕塑品，成为人类珍贵的精神财富。

雕塑的艺术特征

◎ 实体性空间造型

雕塑是造型艺术。雕塑艺术则是立体造型，即用三维空间的体积，表现某种形象和节律，达到交流思想感情的目的。尽管现代雕塑五花八门，但物质的实体性和立体性是雕塑艺术存在的根本要素。雕塑不能像戏剧那样表现复杂的故事情节，也不能像绘画那样绚丽多彩，它的语言是空间中的立体造型。有体积和占有空间的形态是雕塑最基本的语言。无论什么样的观念都必须借助一个实体形状的外壳才会具有艺术生命。占有空间的实体性是雕塑的基本特征。

知识小链接

三维空间

三维空间，也称为三次元、3D，日常生活中可指由长、宽、高 3 个维度所构成的空间。三维空间呈立体性，具有三向性，由三向无限延伸而确立。

雕塑是用实际的物质材料制作出具有三维空间的造型艺术，它必须有实体存在于空间之中，不像同是造型艺术的绘画。按照这个原则，在电脑屏幕上制作出的三维立体图像是不能被列入雕塑范畴的，因为它只是空间的感觉。雕塑不是立体的视觉感觉，而是一种可以实际触摸的艺术。无论受过训练的雕塑家还是常人，对空间实体性的感知是一致的。雕塑可触摸，有实实在在的长、宽、高的体积，从而派生出一种与人融洽的亲和性。好的雕塑能够产生一种让人去抚摸它的欲望。

雕塑的空间分为实空间和虚空间两种：实空间是物体本身所占据的空间；虚空间是雕塑形体四周所造成的空间。人类对空间的认识是逐步发展的，最初时只是对有体积的物体占有的空间有所感觉，以后逐渐认识到空间对雕塑的意义，从而有意识地处理空间，积极地拓展空间、创造空间。古希腊雕塑创造了空前自由的雕塑空间，如《掷铁饼者》，运动员形体本身的动作节律使人感到雕像有旋动的感觉，使运动

拓展阅读

米开朗基罗

米开朗基罗（1475—1564），全名米开朗基罗·迪·洛多维科，意大利著名雕塑家、建筑师、画家和诗人。文艺复兴时期雕塑艺术最高峰的代表，与莱奥纳多·达芬奇和拉斐尔并称"文艺复兴三杰"。主要雕塑作品有《大卫》《哀悼基督》《摩西》《被缚的奴隶》《昼》《夜》《晨》《暮》等。

凝固的雕塑世界

轨迹所经过的空间都被吸引到雕塑之上。这类空间处理，对后来的雕塑带来深远影响。米开朗基罗的《大卫》，为古典雕塑开创了"扇形空间"的形式，成为西方古典雕塑最典型的空间形式。罗丹的《加莱义民》，以人物敞开的形式使人们领悟到间隔空间的重要性。它使空间不仅环绕着形体而且互相渗透。传统雕塑的空间是依靠雕塑向外的张力，通过凸起的形态与体量向四周空间侵袭，以增强雕塑的力量。而现代一些雕塑通过对虚空间的探索，创造了一种反方向的空间，内向凹进的造型结构，使其四周反过来侵袭雕塑本身，空间成为了实体的一部分，雕塑与空间结为一体了。

◎ 单纯性的审美体现

雕塑与戏剧、影视不同，它是静止的，不可能表现事物发展的过程，也不可能表现丰富的故事情节，更不可能像舞蹈那样在时间和空间中展开运动

的形象。静止的东西要让人长时间注视并产生联想，必须讲求明确和单纯，只有单纯才有概括明确的整体感。因此，单纯和概括是雕塑的重要审美特征。雕塑的单纯性表现在形体的简洁明确和高度概括的形式感，这种单纯性的美感不像绘画那样绚丽，却有一种简约的、概括的、整体的美感。雕塑愈是单纯，愈要求具有形式感，使雕塑的质地、色彩、体量、肌理、塑痕等在特定环境的结合中充分发挥艺术表现力。

　　从审美需求出发，雕塑造型要单纯，因为单纯的形体能够给人以更明确的印象，更易于记忆。尤其是大型雕塑，要让观赏者在远距离就能看清基本形体和特征，给人一个明晰单纯的形体知觉。雕塑家在创造雕塑的过程中对形体的塑造是单纯、概括和洗练的。我国汉代霍去病墓前的石雕《卧马》《伏虎》，依照天然石块的形状，巧妙地设计出形体造型，简练而概括地创造出粗犷雄健的马、虎形象。现代雕塑家亨利·摩尔从墨西哥原始雕刻中吸收营养，创作的雕塑作品宁静、简朴，是雕塑艺术单纯、概括、洗练的杰出代表。

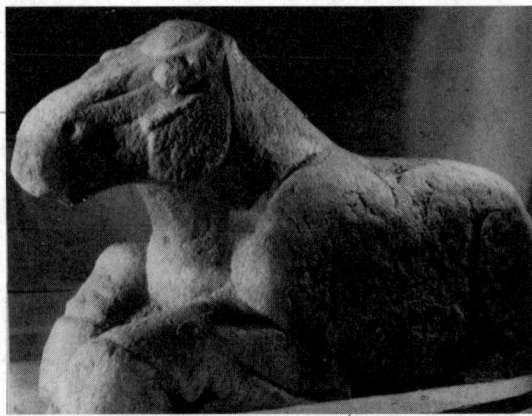

霍去病墓前卧马石雕

　　人的审美感知有一定的选择性，不是随意的，只要在人们视野里出现雕塑，视觉注意力立即就被吸引过去，这就是它的视觉强制性。这种视觉强制性能引起人们的广泛重视和注意。人观看物体形状时，往往会联想起物体的结构。例如，视知觉一旦确定了人的概念，那么，人的五官、手、脚等形象将同时涌现于脑海，就会把简单的形看成复杂的人。就像看到椭圆会联想到鸡蛋一样，视觉对形的感知偏爱秩序化、条理化。因为秩序化、条理化的形状易于感知识别，便于记忆。客观世界的形虽然多不胜数，但简约和特征明确的形容易被人认知、记忆和把握，这是雕塑要求单纯性的重要原因之一。

通常来说，雕塑的颜色是单一的。因为雕塑用的材料，无论是石头还是金属或泥巴都具有单一性，故而形成雕塑在色彩方面的单纯性。雕塑也可以是彩色的，人类古代的雕塑几乎都是有色彩的，如我国敦煌的佛教雕塑、秦始皇陵兵马俑、古埃及的雕像、希腊神庙里的雅典娜、我国古代庙里的关老爷都是彩色的。这些雕塑是服务于宗教或实用的，彩色可以使人联想起真实

你知道吗

世界八大奇迹之一——兵马俑

秦始皇陵兵马俑坑是秦始皇陵的陪葬坑，位于陵园东侧 1500 米处，坐西向东，三坑呈"品"字形排列。一号俑坑呈长方形，东西长 230 米，南北宽 62 米，深约 5 米，总面积 14 260 平方米，四面有斜坡门道，左右两侧又各有一个兵马俑坑，现称二号坑和三号坑。俑坑布局合理，结构奇特。

凝固的雕塑世界

的存在，迎合了普通人的心理。而当人们超越了这个时代，人们觉得没有色彩的雕塑反倒具有更强的艺术感。因为无色的造型在光线的照射下能够更清晰地呈现出形体的明暗和凹凸的立体感。雕塑家从中感悟出雕塑艺术的语言表达特色，无色就成为雕塑的一大特征。如果雕塑有了色彩，色彩对人视觉的刺激强度会远高于明暗起伏的刺激，会因其具有色彩而失去雕塑的单纯性。当然，艺术并没有永恒的模式，现代雕塑也有许多是彩色的，例如现代超写实主义雕塑家汉森用树脂或玻璃纤维制作的彩色雕塑，它打破了雕塑艺术的传统，反而成了新的时尚特征。但雕塑即使带上了色彩，它总体的单纯性表现特色也并未失去。

◎装饰性的审美功能

雕塑具有很强的从属性。一般来说，雕塑常常被固定在特定的建筑或环

境之中，成为建筑或环境的重要组成部分，起到附属的装饰作用。

有人认为，雕塑最主要的是作为装饰发展起来的，一部雕塑史在很大程度上是一部装饰风格演变的历史。在漫长的古代，雕塑是为装饰祭坛、殿堂、器物而存在的，并没有现代只为展览或仅为艺术家表现情感的纯雕塑。古埃及、古希腊、古代中国那些宗教建筑、陵墓雕刻或装饰器物雕塑自不必说，就是米开朗基罗的《摩西》《昼》《夜》《晨》《暮》《哀悼基督》和一系列奴隶雕像等也是为陵墓或教堂装饰所作。罗丹的《地狱之门》是为巴黎装饰艺术博物馆的两扇大门制作的装饰性浮雕。天安门广场人民英雄纪念碑上的浮雕是为纪念碑装饰而作的。从商周青铜器上的浮雕到明清时代建筑屋檐下的雕花，都可以证明装饰性是我国雕塑的一大表现特色。

地狱之门

雕塑的装饰性有最基本的形式美法则，主要有对称、稳定、均衡、节奏、韵律、对比、整齐、变化、简约、概括、重复等。对称，是形式美最基本的法则，中国传统建筑大门两侧有一对相互对称的狮子，取得既对称又稳定的气势。稳定，是造型的需要，也是心理的需要，金字塔式的稳定传递给观众的意象中就有安定的感觉，反之，倾斜带来的形体不稳定传递的就是不安定或危机的信息。概括，是造型艺术常采用的手法，艺术家将自然形态中琐碎繁杂的部分去粗存精，提炼为单纯、明晰、最具特征的形式语言，清晰地呈现给观众。简约，作为雕塑风格，它表达明确，体现了时代的雕塑审美特征，因此在现代雕塑中日益突出。变形，在表达艺术家意图上更为自由，强调了艺术的效果，强化了作者的意图。人的生命律动和常态心理适宜有秩序的形体，而无序的杂乱形体则会造成感觉的不适。简言之，形体的秩序与主体生命秩序具有同构性，有序的造型形状和主体审美心理的结合是产生雕塑形式美感的根本所在。千百年来，人类在生产和艺术实践中逐步形成了形式美感，长期积淀的视觉经验逐渐转换成了形式美感。圆形的完美感、曲线和曲面的运动感和优美感、直线的庄严感、三角形体的稳定感、球体的完美和张力感等，形式感成为重要的艺术表现手段。

浮雕《马赛曲》

雕塑所用的材料是金属或石头，具有耐久性，这是雕塑优于其他造型艺术门类的独特功能。雕塑艺术可以再现历史人物、历史事件和历史遗物，是历史、人文和社会生活的纪念性载体。因此，古往今来人们都利用雕塑歌功颂德、训诫布道、树碑立传。如法国巴黎凯旋门的浮雕《马赛曲》，是纪念 1792 年法国人民保卫祖国、推翻封建专制统治的资产阶级革命胜利的纪念碑。它成为那个时代的精神象征。

凝固的雕塑世界

浮 雕

基本小知识

浮雕是雕塑与绘画结合的产物，用压缩的办法来处理对象，靠透视等因素来表现三维空间，并只供一面或两面观看。浮雕一般是附属在另一平面上的，因此在建筑上使用更多，用具器物上也经常可以看到。由于其压缩的特性，所占空间较小，所以适用于多种环境的装饰。

雕塑艺术作品赏析

◎ 将军俑

将军俑

秦始皇陵兵马俑坑位于陕西省西安市临潼区秦始皇陵东侧 1.5 千米。1974 年 3 月的一次偶然机会被发现，文物部门经过有组织、有计划的发掘，截至 1983 年，已发现有如真人大小的陶俑，与真马大小相似的陶马 7 000 余件，战车百余乘。陶俑的高度一般为 1.8 米，最高的达 2 米，形体魁梧健壮。根据陶俑不同的身份、动态又可分为将军俑、铠甲俑、立射俑、骑兵俑、跪射俑等。它的发现不仅填补了秦代美术的空白，对了解秦代军事、政治也提供了最形象的史料。这一具有世界意义的考古新发现，为古老的中国艺术增添异彩。秦俑雕塑手法写实，每个陶俑神态各异；甚至从陶俑面部的刻画上，看得出有巴蜀人，或者是陇东人、关中人。陶俑陶马等都进行了彩绘，但因年代久远，绝大多数都已剥落。这尊将军俑的形象塑造气宇不凡，从手势和表情可以看出，将军不但久经沙场，而且雍容大度，表现出刚毅勇敢的秦代军人气质。秦俑在形象处理上，绝大多数通过胡须的刻画，烘托出人物的个性特征；结合眼神的艺术处理，表现出秦军男子勇猛和粗犷的性格。在艺术手法上，将圆雕、浮雕、线刻、堆捏等手法融为一体。秦俑的艺术处理可以说体现出了古代雕塑手法的娴熟，具有强烈的民族风格。

◎ 云冈石窟大佛

云冈石窟始凿于北魏兴安二年（453），大部分完成于北魏文成帝拓拔睿至孝文帝元宏迁都洛阳之前（494年），造像工程则一直延续到正光年间（520—525）。早在公元1世纪左右，印度的佛教传入中国。为了争取更多的教徒，便于佛教徒参禅打坐，举行宗教仪式，从公元3世纪起，封建统治者花费大量人

云冈石窟大佛

力财力，陆续在山岩旁依山开凿不少石窟，修建豪华的寺院、宝塔。尤其是石窟艺术在全国分布较广，而云冈石窟就是中国最著名的三大佛教石窟之一。云冈石窟是由一位叫昙曜的和尚主持开凿的，由他首先开凿石窟五所，世称"昙曜五窟"。以后又陆续兴建开凿，直到魏孝文帝元宏迁都洛阳之前基本完成，前后花费近40年时间。这座云冈石窟大佛即是"昙曜

广角镜

三大佛教石窟

莫高窟坐落在河西走廊西端的敦煌，以精美的壁画和塑像闻名于世。

云冈石窟位于山西大同城西的武周山麓，气势恢宏，内容丰富，现存主要洞窟45个，大小窟龛252个，造像51000余尊。

龙门石窟位于河南洛阳南郊，南北长达1000米，至今存有窟龛2345个，造像10万余尊，碑刻题记2800余品。

凝固的雕塑世界

五窟"之一的三世佛的大坐佛。大佛高约 14 米，气势宏伟，慈颜微笑注视着众生。从这尊大佛的形象处理可以看得出早期佛教造像受印度佛教造像的一些影响，佛的形象带有南亚人的特征。这种情况，到唐代的石佛造像就消失了。由于年代久远，石佛手已残损，但是释迦佛做"法界定印"的手势还依稀可辨。原保护大佛的窟顶崩塌。这尊雕像可以说是北魏石窟艺术的代表作品。

◎ 狮身人面像

在埃及平坦广阔的沙漠上，耸立着许多体积庞大、高耸入云的金字塔，它们是古代埃及国王——法老的陵墓。一座陵墓是一个建筑群，金字塔是它的主体建筑。在金字塔的旁边（一般是在东侧），还有祭庙和高大的狮身人面像，它们共同显示着法老生前的"无上权威"以及死后的"灵魂不灭"。狮身人面像被希腊人称为"斯芬克斯"，它通常是由一整块巨石雕成。它雄踞在巍峨的金字塔旁，更为法老

拓展阅读

法 老

法老是对古埃及国王的尊称，它是埃及语的希伯来文音译，意为大房屋，在古王国时代（约前 2686—前 2181）仅指王宫，并不涉及国王本身。从新王国第十八王朝图特摩斯三世起，开始用于国王自身，并逐渐演变成对国王的一种尊称。第二十二王朝（前 945—前 730）以后，成为国王的正式头衔。

的陵墓增添一种超人间的威仪和神秘感。其人面一般为本陵墓的主人即法老的模拟像，这起源于图腾崇拜——把某种动物当成祖先或神来崇拜。把法老的面容雕在某种被崇拜的动物身上，则意味着法老是神的化身，借以显示无上权威。埃及最大的一座狮身人面像，坐落在哈夫拉金字塔旁，约建于公元前 2500—前 2300 年，属第四王朝法老哈夫拉的陵墓建筑群。它高达 20 米，

长 57 米，仅面部就有 5 米长。据说，它的人面具有法老哈夫拉的基本特征。由于雕像庞大，在雕刻中就必须注意整体效果而不能过于琐碎。因此，狮身人面像的艺术手法是在极其概括的结构起伏中，达到一定程度的写实，显示了埃及古代艺术家的高超技艺。

狮身人面像

◎《纳弗尔蒂胸像》

这座写实技巧极高、色彩十分鲜艳的雕像，使人难以想象：它竟是 3500 多年前的作品。它作于古埃及第十八王朝法老埃赫那顿时代。埃赫那顿是一个大胆的改革家，曾改革宗教：削弱宗教对于皇权的控制，扩大法老的世俗权力，这对埃及艺术产生了深远影响。此后，埃及艺术开始摆脱僵化的陈规旧套，趋向生动活泼的现实主义，纳弗尔蒂胸像即是此时的优秀作品。它充分体现了古代埃及雕塑从陵墓雕刻发展而来的特点：埃及雕刻家总是竭尽全力追求雕像与墓主人身姿容貌的肖似。他们经常运用从死人脸上印下的面具模子，直接翻制雕像，然后再仔细加工。经过这种长期的训练和探索，从而掌握了极高的写实技巧。

纳弗尔蒂即埃赫那顿之妻。她的雕像表现了一个美丽的东方女性的典型：她有修窄的额头，长型的脸，五官的线条柔和纤秀；其面部的每一细节都有惊人的准确，如薄而纤巧的耳廓，其结构变化丰富细腻。她那似乎被夸张了的长颈的倾斜度及变化微妙的曲线，十分柔美而优雅，表现出东方民族对女性美的理解和偏好。使雕像格外增色的，是它所敷设的准确鲜艳的色彩。在埃及妇女所特有的浅红色皮肤上，浓黑的眉毛和深红的嘴唇，显得美丽而又

凝固的雕塑世界

雅致。黑白分明的眼睛，显得非常明媚生动。她那色彩优雅的高冠和华丽的胸饰，更为人物增添了贵妇人的气派。总之，这件作品十分出色地塑造了古代东方女性秀美而典雅的形象。

◎鲁多维奇宝座浮雕

这件作品属于希腊雕刻艺术过渡时期（公元前499—前450）。这时期希腊艺术随着战争的胜利，从传统格局中解放出来，大胆发挥，自由构思，创造新的表现方法，为全盛期开路。作品取材于神话，但它并没有把人们带到虚无缥缈的神秘世界里去。相反，它在人们面前展示的是活生生的健美人群，热爱生命的男女，是希腊人对美的理想。这一浮雕是刻在当时人们使用的一种石制宝座上（因意大利人鲁多维奇发现它而得名）。宝座背面是美与爱之神阿佛洛狄忒从海中诞生的情景。人物动作舒展、和谐。青年妇女体态秀美，面部表情洋溢着纯洁与欢乐；衣纹随人体而展开，把人体表现得饱含青春美，并把海水的滋润感也隐约地显现出来。两侧浮雕，一个是着衣烧香女，另一个是吹笛裸女，构图极为舒适自然，造型简洁单纯，结构严谨，解剖准确，线条优美，引人入胜。它毫无冰冷的石壁感觉，而是温暖并带有弹性的人体。两块浮雕组成不同意境：女裸体呈现出单纯、明亮的美；着衣女子则因优美、明快的衣纹线条造成柔和优雅的气氛。这件极具魅力的作品，摆脱了古风时期僵死而冷峻的作风，给人以美好的精神享受。

◎《掷铁饼者》

这座雕像是米隆（希腊艺术过渡时期著名雕塑家）的代表作，也是古典雕刻现实主义的杰作。此时期，艺术开始摆脱墨守成规的东方影响，努力探索符合自己的社会发展与民族要求的道路，突破了旧程式，提高了技巧，创造出希腊人理想化的标准造型，以后一直成为典范。它表现了复杂的动作和严格准确的结构，解决了人体重心落在一足上的动态问题，整个雕刻已趋于

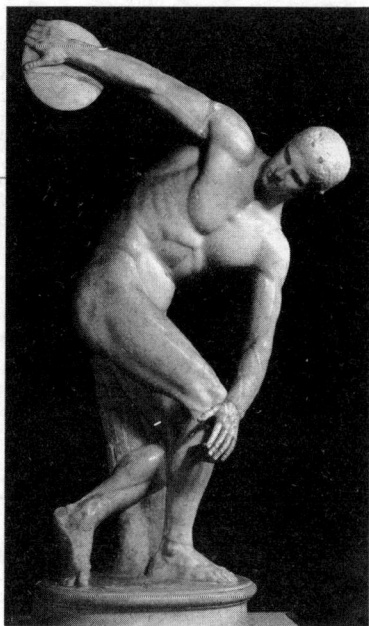

掷铁饼者

成熟阶段。米隆的作品代表这个时期的高峰。这件作品推崇体育家的强健体魄和夺取胜利的信念，成为优秀运动员的纪念碑。雕像选取投掷过程中的瞬间动作，把它固定下来，但不是动作的终结，而是在动作的过程中，所以给人以连贯的运动感和节奏感。互相补充或互相协调的动作，围绕着一个轴心展开，丰富了雕像构图的对立运动。两臂的极大动作，带动躯干的弯曲，出现不稳定感；但高举的铁饼却把人体全部运动统一起来，暂时处在平衡之中。同时，也由于铁饼的运动有着必然下滑的趋势，因此，又产生即将转向新的运动的感觉。这就突破了艺术的时间、空间的局限性。人物面部表情虽仍保持古风时期的静穆感，但人体的和谐韵味，把优胜体育家的健美、青春力量表达得尽善尽美。

凝固的雕塑世界

◎《荷矛者》

波利克里托斯是希腊雕刻艺术盛期较早的（前460—前416）著名雕塑家。这件作品是他的代表作，也是希腊雕刻艺术的典型作品之一。他着重表现体育运动题材，使体育家的雕像成为健美人体的典范，力求刻画出崇高、完整、典雅的理想形象，从而把人体美的艺术创造推进了一步。古希腊为了国家强盛，鼓励人人锻炼出强壮体魄，因此极为重视体育运动，对优胜者给予奖赏，为其造像纪念，这就为雕刻家提供了丰富的创作题材。因此，人体美成为古希腊艺术中的主要题材和研究对象。它的意义不仅仅是记录了优胜者的形象，更为以后造型艺术的发展起了典范作用。

　　如何表现人体美？希腊雕刻家们进行了探索。这件作品就是作为人体美的"法则"而出现的。作者提出3个原则：第一，人体美的标准是头与全身比例为8∶1；第二，重心只集中于一只脚，另一只放松；荷矛者右脚支撑全身重量，左脚自由，膝部弯曲，足尖落地；两脚变化明显，全身肌肉变化也随之明显起来；第三，全身动作的变化也因脚的变化而变化，用力的右脚和持矛的左手相呼应，放松的左脚和放松的右手相呼应；头略向右方转动，右肩低，左肩高。这样形成的人物动作和肌肉就比较生动，有变化，比古风时期雕刻的呆板动作有了进步。这3个法则，除第一个之外，其余两个都被后人所沿用。当然这种法则的运用，必然要与具体内容相结合。荷矛者健壮而生气勃勃，结构严谨，造型结实。他手持长矛，迈着坚定有力的步伐。这个战士形象，体现着希腊人民对保卫祖国的英雄人物的纪念与歌颂。

◎《雅典娜神像》

　　雅典娜是守护雅典城的神祇，也是智慧的女神。这件雕刻是著名的帕特农神庙大厅的主像，全身高达13米，用银白色大理石雕成，局部镶嵌着黄金和象牙，是古希腊艺术全盛时期杰出的雕刻家菲狄亚斯（公元前500—前432）的巨作。可惜原作在拜占庭帝国时代被毁坏。这里介绍的是大理石小型摹制品，高105厘米。在菲狄亚斯领导下，雅典建造了帕特农神庙及其装饰雕刻圆雕及饰带浮雕等等，

拓展阅读

拜占庭帝国

　　拜占庭帝国又称东罗马帝国，位于欧洲东部，领土曾包括亚洲西部和非洲北部，是古代和中世纪欧洲历史最悠久的君主制国家。拜占庭帝国通常被认为开始自公元395年，直至1453年。在其上千年的存在期内一般被简单地称为"罗马帝国"。首都为新罗马（即君士坦丁堡）。

它们标志着希腊雕刻艺术的高峰，是古典现实主义的辉煌典范。他的作品风格雄伟、典雅，气魄庄重。面部造型，往往均匀端正，眉宇清朗，双目有神，鼻梁挺拔，嘴唇微闭，具有崇高严肃的神态。这些特征均体现在雅典娜的雕像之中。雅典娜的体态丰满、健壮；右腿直立，左小腿向外侧微屈。袍褂和长裙采用深雕法，衣纹不但厚重有力，而且自然生动。头戴战盔，盔上有一狮身女面带翼的怪物和两只狮身鹫嘴有翼的怪兽。胸部披饰甲胄，其中装饰着高浮雕，是神蛇——美杜莎；右手托着胜利神尼凯，左手扶着盾牌。盾牌上的浮雕描写希腊人和阿玛戎的战斗，盾内盘着一条巨蛇。有趣的是菲狄亚斯把他自己和当时雅典的领袖（执政官）伯里克利

雅典娜神像

斯的像也雕刻在盾牌上。雕刻家的自雕像是一个秃头的老人，他两手高举一件武器投向敌人；伯里克利斯正在投矛，他的右臂掩着自己的脸部。这座雕像宣扬了雅典国家的繁荣昌盛和威力无边，体现着雅典鼎盛时代的精神。这是一件庄严宏伟的女神像，同时给人一种人间妇女的平易安详的可亲感觉。

◎《哀悼基督》

这件群像雕刻是米开朗基罗（意大利著名雕塑家、建筑师、诗人和画家。与达·芬奇、拉斐尔并称"文艺复兴三杰"）为罗马圣彼得教堂而作。它比他的其他作品做得更完美、修饰得更好。雕像取材于《圣经》传说，表现了圣

母对自己的儿子基督的殉难表示深切的悲痛与哀悼。通过这一题材，曲折地表现了作者对当时社会冲突的深刻感受。这种冲突是作者在道德上的严格要求、他所同情的穷人和那富足的寄生阶级、教会的奢侈荒淫生活之间的冲突。这种题材过去往往都用多人物群像构图来表现，而米开朗基罗则运用雕塑特有的高度集中的优点，选取两个人物来表现。构图呈三角形，稳定感很强。两个人物关系处理得极具匠心。圣母作为主要刻画对象，整个人物充满在全部构图中。动作不大，但每个细微动作都很典型、概括。圣母形象温文尔雅，左手略向后伸开，表示难言之苦，手指稍张开表示持重；头向下俯视，好像陷入了深沉的悲伤中。圣母那下垂的视线，自然地使两个人物形象连接在一起。基督的身体横躺在圣母两膝之间，右手下垂，头向后仰，把死的形象很恰当地表现出来。他那后仰的头自然地让出了空间，使圣母的头部显得很突出。衣褶处理也起着烘托人物的作用。圣母身上繁复的衣褶形成暗重色调，衬出圣母清晰的面孔和基督的裸体，又使两个人物明显地区分开来。这是一件统一又变化丰富的群像雕刻。

◎《摩西》

米开朗基罗的艺术语言和他的创作内容是相适应的。他刀笔之下的人物形象如同巨人般屹立——他表现的是力量，是能够战胜一切困难的人的力量。这些形象在体格上雄伟健壮，在精神上勇敢无畏，表达了时代的要求、人民的理想。他常赋予他的英雄雕像以极端理想化的完美形象，仿佛他也觉得现实中没有这种理想的英雄，于是借着宗教传说中的人物来刻画了。《摩西》取材于《圣经》传说：摩西是古代犹太人最早的领袖，是使上帝的意志在地上实现的执行者。他带领犹太人逃出埃及领地，摆脱了埃及法老的奴役，建立了独立的犹太人国家，并成为代上帝向犹太人传谕"十诫"的立法者。

此像为一位坐着的老人，头上雕有两个小角，象征从摩西身上放射出的

非凡的光芒。他右手拿着刻有"十诫"的两块石板，左手托着长垂至腹的鬈曲的美髯，头向左倾回旋，神情严厉而全神贯注，左腿向后弯屈，脚面抬起，仿佛将随时因嗔怒而起立——《圣经》传说：当他发现被上帝所庇护的犹太人，没有按上帝的"十诫"办事的时候，曾愤怒地摔碎了十诫板。摩西那强健发达的筋肉，丝毫没有老迈衰萎的影子，和《哀悼基督》中过于年轻的圣母一样，这是艺术中所特许的夸张手法，它赋予摩西的形象以理想化的健美和巨人般的力量。他的整个容貌显示出深刻的智慧、饱满的精力和坚强的意志。正像一个公正无私的法律捍卫者和人民的保护者。艺术家高度的技巧，赋予大理石以活跃的生机，仿佛在他那雕凿得精确逼真、青筋暴出的血管中，正沸腾着生命的血液。

◎《大卫》

米开朗基罗生活在意大利教皇和国外侵略者互相勾结蹂躏意大利的年代。热爱祖国和自由的艺术家曾亲身参加过保卫家乡的战斗；斗争的失败使他感到痛苦失望，从而在艺术创作中，倾注其痛苦和寻找自己的理想。尤其是他所创造的一系列如巨人般体格雄伟、坚强勇猛、敢于战胜敌人的出色的英雄雕像，表达了当时全体意大利人民的渴望——渴望出现这样强有力的人物拯救祖国，领导人民脱离苦海。《圣经》传说中的牧羊少年大卫，

拓展阅读

教 皇

教皇的正式名称为"罗马教区主教"、"罗马教省都主教"、"西部宗主教"，亦称"宗徒彼得的继位人"、"基督在世的代表"等。按照天主教会的传统说法，耶稣基督的第一个门徒彼得乃众门徒之首，他于传教过程中去罗马担任了罗马教会的第一任主教。从此，罗马主教的地位在其他主教之上。这便是"教皇制"的由来。

杀死了攻打犹太人的腓力士巨人哥利亚，保卫了祖国的城池和百姓，使其免遭异族侵扰，受到人民的无比爱戴。米开朗基罗就在大卫的身上，寄托了爱国者的理想和渴望。

大　卫

　　大卫被雕成一个体格雄伟健美、神态勇敢坚强、体现着外在和内在的全部男性美的理想化的青年巨人。尤其是从那被刻画得十分完美的鬈发和脸容上，可以看出古代希腊雕刻艺术对大师的影响。大卫左手扶着肩上的甩石机，右手下垂，扭头向左前方怒目而视，仿佛面对敌人，即将战斗。和多纳泰罗所雕的已取得胜利而悠然自得的大卫相比，米开朗基罗的大卫则表现出全神贯注、准备克敌的紧张情绪和坚强意志，其身姿动态和紧张贯注的情绪相吻合。此像总高 5.5 米，是用一整块大理石雕成，仅用了两年时间，显示出艺术家惊人的魄力与艺术才能。尽管在整体的结构上做了某些艺术上的夸张处理（如手关节较大，大腿过长等），以加强巨人的感觉，但是它的每一细节的解剖结构的精确是无懈可击的。这是大师创作中的精华，也是雕刻艺术的不朽之作。

◎《青铜骑士》

　　这是法国雕塑家法尔孔奈（1716—1791）用毕生精力所制作的俄国彼得大帝的纪念碑。彼得大帝是俄国 18 世纪著名君主。由于他致力于改革，使俄国的经济、文化得到发展，是一位著名的政治、经济的改革家。这座广场纪念碑雕塑的艺术处理是很成功的，环境决定纪念碑应遵循的条件是：地点、

尺寸、制作材料都安排得很和谐，像自然界一样互不重复。广场雕塑是建筑的组成部分，它加强建筑的形式感，并起到装饰作用，二者互为加强和补充。露天雕像所遵循的自然法则是：姿势与外轮廓的明确、简练、含义深刻、富有表现力，以及造型和整个构图的基本关系的协调。这对于从远处观看极为重要。这件作品就是注意整体感，抓住关键的动势。人和马结成一体，显示着威武、勇猛向前的气概。马的脚下踩着一条蛇，象征被克服的障碍。马被处理在没有加工过的花岗石上，以此烘托出未开拓的环境。

广场有充分条件使观者从不同角度感受形象。从右面看去高高伸出的手臂，似乎正在发号施令，十分威严。从左面看，更感觉马在奔腾运动，而彼得在注视前方。正面看去较为平静，侧面看则充满了向前冲去的感觉。雕像的细部极为概括，但形体的起伏变化却塑造得很丰富，所以，在近处看时雕像给人极富生命力的感受。凹凸不平的花岗岩碑座

拓展阅读

法尔孔奈

法尔孔奈（1716—1791）是18世纪法国著名的雕塑家。法尔孔奈堪称一位雕塑天才，他把法兰西雕刻的优雅柔美风格推到了顶点，不仅善于刻画青春活脱的肉体，而且同样善于捕捉丰富细腻的情态。

和气势宏大的人和马的造型，形成协调的统一体。同时，碑座垂直线的高度与雕像的高度相等，这种比例更增添了纪念碑的庄严感。

◎《渔童》

大理石雕刻《渔童》，是一件造型极为优美、雕技非常精致的作品。1831年被选入沙龙美展时为石膏翻模，后来在1833年改雕成大理石，收藏于巴黎卢浮宫博物馆，并授予作者金质奖章。这是一个天真活泼的渔家少年，他笑眯眯地戏弄着刚捉到的水龟。

这种反映劳动者日常生活题材的作品，对于学院派的古典传统来说，是一个极大的突破，也是西欧雕刻史上，从古典主义过渡到浪漫主义的一件名作。

由于作者对于生活的深入理解和观察，将渔童的形象刻画得非常生动。在渔童欢欣愉快的面容中带有一种村野的质朴气息，尤其那蓬松的鬈发越加显示出性格上的无拘无束。他的右手扶在泥沙地面，双腿自然地盘坐，伸出左手用一根绳带轻轻地牵扯着水龟的颈项，使它举足不前，于是孩子开心地笑了起来，脚趾也随着挠动。雕像的整体姿态虽为盘坐，但不是静止的，躯干四肢都在活动，恰巧反映了少年的旺盛精力，他在劳动之余还贪恋着游戏。这确实是一件喜人的雕刻，因为它通过生动的写实技巧和完美无缺的形象，给人带来欢悦与美的享受。

◎《舞蹈》

卡尔波的作品。卡尔波是法国 19 世纪著名雕塑家。他善于用体积感表现人。他受当代法国浪漫主义艺术影响，创造出自己的独特艺术风格。这座浮雕是他为巴黎新歌剧院正面墙壁而作的。作者的表现方法很大胆，把人物的自由动作和强烈的运动感凝结在浮雕中，突破了学院派只求稳定但显得死板的形式，以至于有人曾非难指责说："这远远越出了雕塑的范围。"

你知道吗

《舞蹈》的诞生历程

《舞蹈》是卡尔波为当时刚建成的巴黎歌剧院而作的，当时并没有指定题材。卡尔波广泛收集资料，去歌剧院画速写，记录芭蕾舞演员在排练时表现的各种姿态。最后，他从古典主义作品拉斐尔的《圣米歇尔像》和米开朗基罗的《基督升天》中，受到了动态的启示。在这里，他摆脱了雕塑的象征含义与道德概念，直接、真实地反映生活。

这块浮雕的构图在外轮廓处理上，不是照搬死板的四框形式，而是借用运动的形体边缘连线，这就首先从整体上给人以强烈的动势感，把舞蹈的跳跃特征表达出来。形体没有被压缩，而是近乎圆雕，给人以实体强烈夺框而出的感觉。中央人物直立，双臂高举，右手摇着手鼓，造成向外放射的动向线。包括面部表情所构成的形体也是向外开放的，因而产生了奔放、欢快的感觉。一群裸女围在中央人物周围跳舞，动作豪放，充分显示出狂欢的气氛。在形式上，一圈舞蹈着的人物拉起的手臂组成一个弧圈形，把向外放射的形式收拢起来，使形体的自由跳动统一于浮雕的整体范围内，因而，使浮雕在有限的空间里展示着无限的生机勃勃的运动。

作者继承了法国浪漫主义雕塑家吕德的特点，充分发挥了奔放不羁的构思，不拘一格地表现了自己的感受，使作品别具特色。

◎《思想者》

《思想者》是置于《地狱之门》横楣中央的一个坐像，雕刻家用这个形象来象征《神曲》的作者但丁。这个强有力的巨人痛苦地弯着腰，屈着膝，右手托着下颏，嘴咬着自己的粗手，默视下面发生的悲剧。他渴望沉入绝对的冥想，努力把那强壮的身体抽缩、压弯成球形。他的肌肉非常紧张，不但全神贯注地思考，并且沉浸在苦恼之中。他爱惜人类，因而不能对那些犯罪的人下最后的判决，所以他怀着极其矛盾的心情，在那深刻的沉思中，体现了伟大诗人

趣味点击　但丁与鱼的对话

一次，但丁出席威尼斯执政官举行的宴会。听差捧给但丁的是很小很小的鱼。但丁用手把盘子里的小鱼一条条拿起来，凑近自己的耳朵听，好像听见了什么。执政官见状，问他在做什么。但丁大声说道："几年前，我的一位朋友逝世，举行的是海葬，不知他的遗体是否已埋入海底，我就挨个问这些小鱼。它们对我说，它们都还很幼小，让我向同桌的大鱼们打听一下。"执政官听后吩咐听差马上给但丁端一条最大的煎鱼来。

凝固的雕塑世界

21

思想者

但丁内心的苦闷与悲剧。这种内在的苦闷情感，通过对面部表情和四肢肌肉起伏的艺术处理，生动地表现出来。例如那突出的前额和眉弓，使双目凹陷，隐没在暗影之中，增强了苦闷沉思的表情；又如那紧紧收屈的下肢肌腱和痉挛般弯曲的脚趾，有力地传达了这种苦痛的情感。

古希腊雕刻《拉奥孔》同样是一件表现苦痛情感的名作，但与罗丹的《思想者》比较起来，《拉奥孔》那因被蛇绞杀而挣扎的肌肉痉挛，是一种流露于外的苦痛，而《思想者》的紧张收缩的肌肉则是一种隐藏于内的苦痛，更加令人深思。

雕刻家在这件作品中，一方面采用了现实主义的精确手法，同时表达了与诗人但丁相一致的人文主义思想，他们对人类的苦难遭遇寄予极大的同情。《地狱》的罪人们就在这个巨人的身边和脚下，被那汹涌的洪水卷入痛苦的深渊。《思想者》坐在那里，沉入永不停息的冥想。

◎《绝望者的手》

艺术家为了表达人物的某种感情，通常是借助于人的面部表情和人的整个身姿动态，因为在人的面部有所谓"灵魂的窗户"——会说话的眼睛，以及其他丰富的表情肌，它们会默默无声地传达出人的千百种内在心理活动。人的整个身姿动态，也常常谐调地表现出人的思想感情，因此产生了舞蹈这样一种艺术。

人的内心世界的杰出的刻画者、雕刻家布德尔，却仅仅选择了一只手，来刻画人的一种剧烈的感情状态——绝望。这真是让人一目了然的一只手，它竟然不用借助任何辅助说明，就使人从这只手上，感觉到一个人在"绝望"这一感情过程中，所感受到的巨大的精神痛苦和肉体磨难，以及由此而引起的本能的挣扎。人们通过这只在挣扎中痉挛的手，仿佛能够看到人在绝望过程中的整个扭曲的面部表情和身姿动态。

这只手基本上是写实的，因此它真像一只活人的手，它似乎在挣扎的过程中因人的突然死亡而僵化了，从而这一痉挛的手势被固定下来。但是你仔细看去，它又并非完全拘泥于写实，为了突出手的痉挛感，整个手掌和五个勾屈的手指的结构，

绝望者的手

不是完全符合真实的，尤其是大拇指、中指和小拇指的结构及扭曲状况，明显地做了夸张的刻画，只要我们用自己的手来做一对照就明白了。但是，为了强调某种感情，在艺术上对于客观的对象做某种夸张的变形刻画，是完全允许，也是十分必要的。

◎人民英雄纪念碑浮雕

人民英雄纪念碑位于北京天安门广场中心，在天安门南约 463 米、正阳门北约 440 米的南北中轴线上。它庄严宏伟的雄姿，具有我国独特的民族风格。在广场中与天安门、正阳门形成一个和谐的、一致的、完整的建筑群。

纪念碑总高 37.94 米，碑座分两层，四周环绕汉白玉栏杆，四面均有台阶，下层座为海棠形，东西宽 50.44 米，南北长 61.54 米，上层座呈方形，台

座上是大小两层须弥座，下层须弥座束腰部四面镶嵌着 8 块巨大的汉白玉浮雕，分别以"虎门销烟"、"金田起义"、"武昌起义"、"五四运动"、"五卅运动"、"南昌起义"、"抗日游击战争"、"胜利渡长江"为主题。在"胜利渡长江"浮雕的两侧，另有两幅以"支援前线"、"欢迎中国人民解放军"为主题的装饰浮雕。浮雕高 2 米，总长 4.68 米，雕刻着 170 多个人物，生动而概括地表现出我国近百年来人民革命的伟大史实。

从碑身东面起，按照历史顺序瞻仰。

第一幅浮雕是"虎门销烟"，描述了鸦片战争前夕，1839 年 6 月 3 日，群众在虎门销毁鸦片的情景。浮雕上，愤怒的群众正在把一箱箱毒害中国人民的鸦片运到海边，倾倒在放有石灰的窖坑里销毁，一股股浓烟从石灰池上升起。人群后面，有炮台和千百只待发的战船，准备

随时还击英帝国主义的挑衅。画面上人物的形象，表现出中国人民反抗帝国主义的坚定决心。

东面的第二幅浮雕，描述的是 1851 年太平天国的"金田起义"。太平天国运动是中国民主主义革命的序幕，它提出政治、经济、民族、男女四大平等的口号，严重地动摇了清朝封建统治的基础。在这幅浮雕上，一群拿着大刀、梭镖、锄头，扛着土炮起义的汉族、壮族儿女，正从山坡上冲下来，革命的旌旗在迎风飘扬。

往南转到碑身的后面，看到的是 1911 年辛亥革命"武昌起义"的庄严画面。深夜，起义的新军和市民，摧毁了湖广总督府门前的大炮，正向总督府

里冲去。总督府内熊熊的火焰冲向天空；总督府的牌子，被打断在阶前；撕碎了的清朝的龙旗，被践踏在地下。辛亥革命，结束了中国两千多年来的封建帝制。

接下来的一幅是"五四运动"浮雕。这是中国民主革命由旧民主主义革命转变为新民主主义革命的转折点。浮雕的画面显示出学生们齐集于天安门前举行爱国示威游行的情景。一群男女青年学生，举着"废除卖国密约"

人民英雄纪念碑浮雕之"五四运动"

的旗帜，慷慨激昂地来到天安门前。梳着髻子、穿着长裙的女学生，在向市民们散发传单。人群高处，一个男学生正在向围着他的群众演说。愤激的青年演说者，怒形于色的人群，使整个浮雕充满了痛恨卖国贼的激动人心的气氛。

南面的第三幅是"五卅运动"浮雕。1925 年 5 月 30 日，上海群众 1 万多人在南京路上举行反帝国主义大示威，英国巡捕向徒手群众开枪射击，多人死伤。"五卅惨案"引起了全上海乃至全国人民的极大愤慨，促使全国范围的大革命风暴的爆发。这幅浮雕表现出由工人阶级领导的各界人民坚强不屈地与帝国主义斗争的情景。画面上成千上万的工人、学生、市民举着"打倒帝国主义"的小旗，冲破英国巡捕的沙袋、铁丝网英勇地前进；商店关门罢市，戴着礼帽的商人也加入了斗争的行列；被打伤的工人，在战友们搀扶下，继续勇往直前。人群后面，隐约看到外滩的海关和银行大楼。

碑身的西面，第一幅是"南昌起义"浮雕。画面从一个连队的角度来表现这一伟大起义的情景。1927 年 8 月 1 日早晨，一个指挥员挥着左手向战士们宣布起义，士兵们举着起义的信号——马灯，光辉的红旗举起来了，战马在嘶鸣，劳动人民在帮助搬运子弹，战士们激昂地高呼着。南昌起义，向国民党反动派打响了第一枪，展开了以革命武装反对反革命武装的斗争。

紧接着的一幅是"抗日游击战争"浮雕，浮雕上显现出抗日战争时期太行山区敌后游击战的场面。远远望去，在一座雄伟峻峭的半山腰里，游击队员们正穿过高大的树林和茂密的青纱帐，去和敌人战斗。画面上，青年男女农民拿着铁铲，背着土制地雷；白发的母亲送枪给儿子，去打击日本侵略者；小伙子站在指挥员身旁，等候命令，准备随时投入消灭敌人的战斗。

最后来到碑身的正面，看到解放战争时期人民解放军百万雄师"胜利渡长江"浮雕，这是 10 幅浮雕中最大的一幅。浮雕上，号兵吹起冲锋号；指挥员右手高举，连连向高空发射信号弹；已登上敌岸的战士，踏着反动派的旗子，向国民党反动统治的老巢——南京城冲去；后面数不清的战船正在波涛中前进。在这幅浮雕的两旁，是两块装饰性的浮雕：左边的一块，是渡江前夕，工人抬担架、农民运军粮、妇女送军鞋等热烈支援前线的场面；右边的一块，表现全国各阶层人民举着红旗和鲜花、捧着水果，欢迎解放军、慰劳解放军的情景。

在这些浮雕中，中国传统雕刻中的线条感恰当地运用于人身的动作姿势，构成了人流涌动中的多层次对比变化和呼应关系。人物形体的处理含蓄且饱满厚实，所以在日光下人物显得体量感丰富、明暗变化生动，组成和谐的形体旋律。

拓展阅读

南昌起义

南昌起义指 1927 年 8 月 1 日，在江西南昌，由中国共产党领导的军队针对中国国民党的分共政策而发起的武装反抗事件。起义由周恩来、谭平山、叶挺、朱德、刘伯承、贺龙等中共人士领导。南昌起义打响了武装反抗国民党反动派的第一枪，揭开了中国共产党独立领导武装斗争和创建革命军队的序幕。

建筑中的美学

　　客观来讲，建筑是人们用土、石、木、钢、玻璃、芦苇、塑料、冰块等一切可以利用的材料构成的一种供人居住和使用的空间。建筑构成有三要素，那就是建筑功能、建筑技术和建筑艺术形象。从这3个要素中可以看出，建筑绝不仅仅是供居住所用，它还是一门艺术，要按照美的规律，运用建筑艺术独特的艺术语言，使建筑形象具有文化价值和审美价值，具有象征性和形式美，体现出民族性和时代感，可以说，建筑是实用性与审美性相结合的完美艺术。

建筑的艺术特征

◎ 物质性、精神性并存

首先建筑是具有物质性的，有物质的使用功能，其存在也受到物质条件或物质手段的很大制约。但建筑也具有精神性，要满足人们对美的渴望。对某些高层次建筑而言，这种精神性还可能超过物质性。总体而言，建筑具有物质与精神的双重属性。

◎ 表现性、抽象性同一

艺术是艺术家对生活的判断和感情表达的特殊方式，但由于各门类艺术所运用的物质材料和创作方法不同，在表现的手段上是有区别的：一种是以客观生活的艺术再现为手段的间接表现，一种是并不忠实地再现生活而直抒胸臆的直接表现。前者称为再现性艺术，如写实性美术作品、戏剧、电影和叙事诗等；后者则称为表现性艺术，其典型的代表是建筑和音乐。显然，不可能要求表现性艺术去再现生活、描述事件情节和人物性格，而是重在创造出某种情绪氛围，激发出欣赏者的相应情感。例如，通过建筑的雄伟、壮丽激发起豪迈振奋的热情，通过建筑的精致、华丽形成高贵典雅的格调，以沉重、粗犷造成压抑沉闷的心境，以明快、开朗引起活泼愉快的心情等。

还要注意，表现性艺术所表现的情感只是"情感"本身，即一种抽象的情感，而不是这一个人或那一个人由于某件具体的事情而触生的具体的情感。这种抽象性使它往往会拥有更多的"同情者"。所以，比起再现性艺术作品来，一件真正杰出的建筑艺术作品往往更能超出时代、民族、地域和阶级的局限而成为全人类的永恒财富。例如，曾作为古代宫殿大门的天安门，它的高贵、庄严和隆重同样也可以为现代人所欣赏，成为新中国国家的尊严、昌盛的前途和悠久的文化的象征，甚至使用在新中国的国徽上。

◎ 层级性的高度统一

建筑的精神属性有 3 个层级：其初级形态与物质功能紧密相关，体现为功能美——安全感与舒适感，是"美"与物质性"善"的统一，或与物质条件紧密相关，体现为材料美、结构美、施工工艺的美和环境美，是"美"与物质性"真"的统一。其中间层级与物质性因素相距稍远，即纯形式美处理，重在"悦目"。最高层级离物质性因素更远，要求创造出某种氛围，富有表情和感染力，以陶冶和震撼人的心灵，重在"赏心"。所有这 3 个层级，都可以纳入广义的"建筑艺术"的范畴。

一般来说，并不是所有建筑物的精神价值都同时具有以上 3 个层级，有的只具有第一层级，更多的上升到第二层级，只有为数甚少的建筑才同时拥有这 3 个层级的意义。因此，建筑的物质性与精神性的比重在不同建筑中显出差别。例如仓库、车棚和低标准住宅的精神性因素就趋近于零，物质性因素趋近于一；学校、医院、办公楼的精神性因素有所提高；美术馆、博物馆、剧院和公园则处于高段；而宫殿、教堂、园林和陵墓的精神性因素则接近于一；纪念碑、凯旋门等几乎已没有什么物质性功能意义，与纯艺术如雕塑等没有太大的区别。所以，笼而统之地认为建筑是艺术或不是艺术都是片面的。应该说，所有的建筑都或多或少地要求给以美的加工，但只有那些在精神性因素方面达到一定高度的建筑，才能上升为真正的艺术，我们的欣赏对象主要就是这类建筑。

建筑中的美学

建筑作品赏析

◎古埃及金字塔

在埃及境内，尼罗河西岸的吉萨地方矗立着 3 座金字塔，它们分别是古埃及国王胡夫、哈夫拉和门卡乌拉 3 位法老的陵墓。这是一种由 4 个等边三角形组成的四棱锥体形陵墓。每 1 座陵墓均有一个祭庙相配。

吉萨的金字塔是以巨大的体量和特异的风格闻名于世的。同时又以它们自身构造的合理和简洁以及与自然景色的完美结合获得了世界七大奇迹之一的美誉。在天气晴朗的日子里，站在尼罗河东岸，远眺这平野漠漠中的大金字塔，确实蔚为壮观。

这 3 座金字塔建于公元前 2600—前 2500 年。其中以第四王朝法老胡夫的金字塔为最大，被称为大金字塔。它占地 5 公

拓展思考

世界七大奇迹

世界七大奇迹是指古代世界上七处宏伟的人造景观。最早提出世界七大奇迹说法的是公元前 3 世纪的腓尼基旅行家昂蒂帕克。还有一种说法是公元前 2 世纪的拜占庭科学家菲伦提出的。由于上述奇迹大多已经毁灭，后人又提出了世界中古七大奇迹。此外，美国人洛厄尔·托马斯还曾提出世界七大自然界奇观。

顷。底面是一个正四边形，每边边长有 230.6 米。4 个等边三角形各与地面形成 51 度 52 分的夹角。塔高 146.6 米。共用了 2.5 吨重的花岗石 250 万块。相传，每年有 40 万奴隶在皮鞭和棍棒的驱使下，轮番地干了 30 年才完成。

这座塔的北坡，离地 17 米处，有一个入口。从这个入口进去，经过上、中、下 3 条通道，可进入金字塔内部的 3 个墓室，最上面一个就是法老的墓

室，中间是王后的墓室，还有一个地下墓室叫次要墓室。法老墓室有几个通气孔直达金字塔表面，这些气孔除了用作通气外，据说还兼做法老和王后"灵魂"外出"自由活动"的出入口。

几千年前，没有汽车，没有起重设备，要建造这高达140多米的花岗岩石塔确实不是件易事。史料记载：当时的奴隶是运用了一种木制船形工具，利用杠杆原理，将巨石逐步举高，逐层地垒砌而成的。法老墓室和通道入口处顶部的"人"字形石拱，据推测，是用一种漏沙法修建的。首先，在一块平面石板上堆上一大堆沙子，然后把两块重达几十吨的大石块相对地斜铺在这个沙堆上，接着在平石板下凿一个小洞让上面的沙子慢慢地从洞里漏走，沙子漏完了，上面那两块大石块就自然地搭成一个"人"字形的石拱。由此可见，金字塔的修建充分地体现了古埃及奴隶的才能和智慧。

知识小链接

花岗岩

花岗岩是一种岩浆在地表以下冷却形成的火成岩，主要成分是长石和石英。花岗岩硬度高，耐磨损，不易风化，颜色美观，外观色泽可保持百年以上。花岗岩除了用于高级建筑装饰工程、大厅地面外，还是露天雕刻的首选之材。

古埃及人对神十分崇拜。当时人们对许多自然现象和社会现象无法解释，法老又利用自己的权威人为地制造神，因此形成了一种对神的绝对崇拜。奴隶们认为天上的神是太阳，地上的神便是法老。法老死了若干年后还会复生，所以每年必须对法老顶礼膜拜。那金字塔旁的祭庙就是朝祭法老的地方。

祭庙是一组货担形的建筑。"扁担"的一头是门厅，一头是大厅和祭院，这一头紧挨着金字塔。当中的"扁担"则是一条几百米长的甬道。当朝祭的人们从曲折的门厅进入祭庙后便直接踏入那条花岗石甬道。甬道高刚可及人，不开窗，光线十分暗淡。甬道尽头的大厅里塞满了方柱。柱头宽大、沉重，使人感到大厅内部空间十分紧凑，加之光影的变化，充满了一种神秘、压抑的气氛。可是当人们经过甬道，走出大厅，来到在强烈阳光照耀下的祭院时，顿时感到豁然开朗，迎面就是一尊尊法老的雕像。它的上方是高插云霄的金字塔。朝祭的仪式就在这个院子里举行。这种狭窄和开阔的对比、黑暗和明亮的对比，形成了金字塔陵墓组合中独特的建筑艺术风格。由于建筑艺术上的精心处理，使法老那至高无上的权力和神秘莫测的形象达到了高峰。

石砌的吉萨金字塔是一组重于外部表现的建筑。它内部的装饰拙朴自然，洋溢着一种朦胧的原始美。

这组建筑由于设计精致、施工巧妙，使后世的学者们提出了种种疑问，甚至怀疑这些金字塔不是地球人所造。但这只是猜测罢了，丝毫无损劳动人民所创造的光辉业绩。

◎帕特农神庙

帕特农神庙是古希腊最著名的建筑，是举世闻名的世界七大奇迹之一。它建于古希腊最繁荣的古典时期，以无与伦比的美丽和谐、典雅精致和匀称优美，展现了古希腊高度的建筑成就和艺术神韵，达到了古典艺术的巅峰，被世人认为是"不可企及的典范"。

帕特农神庙是雅典卫城建筑群中最具代表性的建筑。卫城原意是"国家统治者的驻地"，是建在高处的城市用以抵御敌人的要塞。公元前480年，卫城被波斯人焚毁。希腊人在取得对波斯的胜利后，决定重新修建被波斯人摧毁的卫城。

雅典卫城雄踞雅典城中央的一个山冈上，布局自由，高低错落，主次分明，突出表现了希腊建筑在空间安排上的一个重要原则，即建筑的每一部分，无一是直接的裸露，均以某个角度的透视效果呈现。希腊的建筑家把一个个本身结构呈现完美对称的建筑物，依据地势的起伏，在空间上以不对称、不规则的方式进行排列，在西方建筑史上被誉为建筑群体组合艺术中的一个极为成功的实例。

雅典卫城主要由供奉女神雅典娜的帕特农神庙、供奉海神波塞冬的厄瑞克忒翁神庙和供奉胜利女神的胜利女神神庙构成。它们相互各成一定角度，创造出变化极为丰富的景观和透视效果。当人们环绕卫城前进时，可以看到不断变化的建筑景象。这其中，最著名、最有代表性的就是位于卫城最高点的帕特农神庙。"帕特农"在古希腊语中是"处女宫"的意思。因为它祀奉的雅典娜女神是处女，所以又称为"雅典娜处女庙"。雅典娜是希腊神话中的战神和智慧女神，是雅典城邦的守护者。雅典人相信是雅典娜保卫、拯救了他们的城市。

这座神庙自建成以来，历经了两千多年的沧桑变化。在公元 426 年，希腊城邦衰亡后，神庙被改作基督教堂。到了土耳其统治时期，它又变成了伊斯兰教的清真寺。一直到 17 世纪中叶，帕特农神庙还保存得相当完整。但在 1687 年，当土耳其和威尼斯交战时，威尼斯人的一发炮弹打进了被土耳其人充作火药库的神庙内，把庙顶和殿墙全部炸塌了，神庙毁于一旦。而到 19 世纪初，英国驻君士坦丁堡的大使埃尔金竟雇用工匠，把神庙内雕刻着雅典娜功业的巨型大理石浮雕劫走。这批稀世之珍，有些在锯凿过程中破碎损毁，有些因航海遭遇海难而沉入海底，幸存的残片现陈列在英、法等国的博物馆里。

虽然帕特农神庙现在只剩下一片断壁残垣，但神庙巍然屹立的柱廊，依然鲜活地传达着高贵典雅、简约庄严的美感，仍然可以使人们深切地感受到神庙当年的风姿。

神庙建造时，雅典人正沉浸在希波战争胜利的狂欢中，国民热情空前高涨，他们怀着极大的热情，建造起这座艺术丰碑。帕特农神庙主要是希腊自由民的创造，他们规定在建筑工地上劳动的奴隶，不得超过总人数的 1/4。神庙就是在这种社会文化背景下建造的。它的单纯、明朗和愉快的性格，代表了古希腊建筑的最高成就。

建筑中的美学

帕特农神庙建在一个长为 96.54 米、宽为 30.9 米的基面上，下面是 3 级台阶，庙宇东西长 70 米，南北宽 31 米。四面是由雄伟挺拔的多利克式列柱组成的围廊，肃穆端庄，高贵大方，有很强的纪念性。神庙正面打破了以往使用 6 根圆柱的惯例，用了 8 根石柱，以显国家的雄风。两侧各为 17 根列柱，每根高 10.43 米，柱底直径 1.9 米，由 11 块鼓形大理石垒成。柱子比例匀称，刚劲雄健，又隐含着妩媚与秀丽。雅典人以惊人的精细和敏锐对待这座神庙：柱子直径由 1.9 米向上递减至 1.3 米，中部微微鼓出，柔韧有力而绝无僵滞之感。所有列柱并不是绝对垂直，都向建筑平面中心微微倾斜，使建筑感觉更加稳定。有人做过测量，说这些柱子的向上延长线将在上空 2.4 千米处相交于一点。列柱的间距也不是完全一致，间距在逐渐减小，角柱稍微加粗，使在天空背景上显得较暗而似乎较细的角柱获得视觉上的纠正。几乎每块石头的形状都会有一些差别，正好矫正了视觉上的误差。建造者必须拥有极其认真的工作精神和高昂的创造热情，才能完成如此繁杂而精细的处理。

◎ 万神庙

万神庙位于意大利首都罗马圆形广场的北部，是罗马最古老的建筑之一，以其容积宽广、建筑宏伟与设计智巧而闻名于世，在古典建筑中占有十分重要的地位。

万神庙最初建于公元前 27 年，是阿格里帕献给其岳父、罗马帝国开国君主奥古斯都（原名盖乌斯·屋大维）的礼物，以祝贺屋大维在阿克提乌姆海战中大败安东尼和"埃及艳后"克丽奥佩特拉七世联军。整个建筑采用了当时最时髦的希腊神庙形式，长方形，双坡顶，周围有柱廊。不幸的是它在公元 80 年毁于一场大火。

37 年后哈德良大帝即位为罗马帝国皇帝。他崇拜希腊文化，也是艺术的热爱者，他不但在政治上有所成就，还是知名诗人和建筑设计师。

公元 120 年，哈德良大帝出于对众神的崇敬，利用万神庙残迹重修了这座恢宏的建筑。万神庙的基座原本要比地面高出 2 ~ 3 米，再加上台阶，使整个建筑呈现出高踞于平台的意象。当人们走向万神庙时，既看不见庙顶，也看不见侧面，只能感受到它宏伟的气势。但随着周围地势的不断增高，现在它不如当初那么突显了。

罗马帝国早期出于对希腊建筑的崇拜，在可能的范围内使自己的庙宇看起来同希腊神庙相同，即使在使用的材料上完全不同。这类建筑的突出特点是建有一个有着山形屋顶的深柱廊，最早的万神庙也不例外。

它的正面是一个 34 米宽、15.5 米深的矩形大柱廊。16 根柱子，正面 8 根，后面两排各 4 根。每根石柱高约 13 米、底径

趣味点击 　埃及艳后

埃及艳后即克丽奥佩特拉七世，是古埃及托勒密王朝的最后一任法老。有人说，埃及艳后是"尼罗河畔的妖妇"，是"尼罗河的花蛇"；有人说，埃及艳后是世界上所有诗人的情妇，是世界上所有狂欢者的女主人。罗马人对她痛恨不已，因为她差一点让罗马变成埃及的一个行省；埃及人称颂她是勇士，因为她为弱小的埃及赢得了 22 年的和平。

1.4 米，都是由整块埃及花岗石雕凿而成，圆润，洁白，无凹槽。柱头上部是藤蔓似的涡卷，下面是莨苕花的茎叶图案。由于柱头的增高和形状的丰富复杂，柱子也更显得修长苗条了。它们支撑着宽大的三角形石造山墙，山墙上刻着献给阿格里帕的著名拉丁铭文："吕奇乌斯的儿子、三度执政官玛尔库斯·阿格里帕建造此庙。"

门廊的深处是两扇高达 7 米的青铜门，门的左右各有一个神龛，分别立着奥古斯都和阿格里帕的雕像。如果说万神庙正面表现了希腊建筑那高雅精致的雕塑气质，那么其内部则体现了罗马建筑的恢宏博大。每个进入万神庙内部的人都会被其异常宏伟开阔的空间力度所震撼。

一个直径为 43.3 米的圆顶直接扣在 6 米厚的圆柱形石墙的墙体上，中间

建筑中的美学

没有任何支撑的柱子，空间大得足以装下整个帕特农神庙的正立面。一直到布鲁内莱斯基在1420—1436年于佛罗伦萨建盖了另一个圆顶教堂之前，万神庙是世界上拥有最大空间跨度的建筑。由于圆顶的直径与神庙的高度完全相等（均为43.3米），半圆形屋顶与圆柱形的墙体完全融合，形成了一个球形大厅。这种简洁明了的几何关系，使万神庙单一的空间显得更加完整统一。但单一的空间的体量不容易被人确认，为了克服这个弊端，万神庙在内部表面采用了细致的小尺度划分。在它穹顶内层的天花板装饰着5层凹格，每层数量相同，因此凹格从下往上逐渐缩小，呈现出穹顶向上升起的球面。每个凹格中央都嵌着一朵镀金的青铜花。深深的、类似藻井的凹格整齐地布满穹顶，使它在光的作用下显得异常深厚；而且凹格所产生的奇异壮观的光影变化，可以调整参观者由地面往上看时视觉上所产生的变形。同时，这些凹格还可以减轻穹顶的自身重量。

承重的墙面则划分为上下两层，都用大理石饰面。在下层的墙上罗马人设置了7座神龛。与大铜门正对的墙面上的神龛是最高大的，它上面的1/4圆穹顶展开在上层的墙面上，这有助于减轻圆顶边缘所承受的压力，并借着墙壁把承载力导向水平方向，再传递到地基上。另外6座神龛沿墙左右分布在铜门和这个神龛之间，高度限制在上层墙面的下端。在这7座神龛之间还有8个小壁龛。在古罗马时期，神龛里供奉着7位大神，代表人们已知的五大行星和太阳、月亮两颗星体；壁龛里则安置着次要的小神。

在每个神龛前罗马人还竖起了一对高约10米赭红色的科林斯圆柱，使整个石墙看上去不会像一大块坚硬的石块。

殿内地面的中央微微凸起，不但显得柔和饱满有生气，而且站在中央向四周看去，渐远渐低，好像伸展得很远。由于采用彩色的大理石、斑岩和花岗岩铺成，方形与圆形的棋盘式板与天花装板互相呼应，从而营造出了一个涵盖完美圆形的内部空间，亦即蕴含宇宙意义的特殊形式——天地浑一。

万神庙最奇妙的地方就是它的采光。作为一个完全封闭的空间，万神庙

四周没有一扇窗户，整座建筑唯一可让自然光射进来的，是来自于穹顶正中央一处类似眼睛、未装玻璃的天窗——眼窗洞。

光线从眼窗洞上倾泻而下，随着太阳的移动，天窗的光会在万神庙的墙上以及地板上产生耀眼的图案，使空间中弥漫着一种静谧安宁、广无际涯的气氛。部分学者认为此洞象征太阳，因此可从中了解哈德良认为太阳是万神之上最崇高主神的宗教观。天眼还有助于减轻结构中央的重量，也避免了在圆顶周围设置窗户的结构难题。

罗马人之所以能建造如此大体积、大跨距的单层薄壳圆顶，无疑得益于混凝土的发明与圆拱技术的完善。

万神庙从基础到穹顶都是用混凝土浇筑而成的。较重的材料如凝灰岩用于底层，较轻的如多孔火山岩和碎砖则用于上层。自下向上，不仅建筑材料由重变轻，而且墙的厚度也自下而上逐渐减薄。基础部分的墙体厚度达 5.9 米，顶部则逐渐减薄到只有 1.5 米。这样复杂的工程，其设计及计算需要多么复杂高深的知识是可想而知的。正由于这一建筑在设计和建造上达到如此先进的程度，所以历经近 2000 年仍然基本完好，无需结构性修复。

由于穹顶在外部体形上的艺术处理方法在古罗马时期还没有找到，所以万神庙的外观极其朴素，长方形的门廊和巨大的穹顶都被用砖石和混凝土包裹，没有任何装饰。所以从外面看起来，一座前方后圆房子的屋顶微微突起了一块。外观稍显华丽的就是略微突出于外墙的砖拱，它起着内部扶壁的作用，能把承载力从圆顶分解到墙壁上。万神庙的砖拱上都贴着面材或粉刷上色处理，比这更华丽的做法则会使用精心设计的石材或大理石镶板，加上铜片和钉子固定。

万神庙刚落成，便因它的恢宏、庄严而赢得人们的赞叹。公元 609 年 3 月 16 日，当时的教皇将万神庙改为天主教堂。神龛中所有"异教"神的雕像都被毁掉了，中央最大的神龛供上圣母子的神像，并且从地窟中迁移过来许多位殉道圣人的遗骸，庙名也被改为供奉殉道圣人们的圣玛利亚教堂。公元 667 年拜占庭皇帝来到罗马后，震惊于万神庙的辉煌，下令掠走了万神庙穹顶上的所有镀金青铜板用于圣索菲亚教堂的修建，后由另一位教皇以铅瓦代替。

◎ 凡尔赛宫

凡尔赛宫是世界闻名的法国王宫，坐落在巴黎西南郊的凡尔赛镇。1624 年以前，凡尔赛一带是茂密的山林。法国国王路易十三是个打猎迷，他选择了这里作为王室的狩猎场。路易十三就在这里建了一座小巧精致的城堡。他的这座小城堡成了凡尔赛一带最初的王宫建筑。法国的"太阳王"路易十四当政时期，在路易十三行宫的基础上，于 1661 年开始动工建造凡尔赛宫。

1682 年 5 月 6 日，路易十四宣布将法兰西宫廷从巴黎迁往凡尔赛。1688 年，凡尔赛宫主体部分的建筑工程完工，而整个宫殿和花园的建设直至 1710 年才全部完成。凡尔赛宫成为欧洲最大、最雄伟、最豪华的宫殿建筑，并成为法国乃至欧洲的贵族活动中心、艺术中心和文化时尚的发源地。

凡尔赛宫占地面积达 111 万平方米，其中建筑占地 11 万平方米，园林面积约为 10077 平方米。建筑以东西为轴，南北对称，共有 500 个大厅与房间。整个建筑大体呈"凸"字形，共有 3 层：中间的宫殿主体长达 707 米，向花园部分突出；两翼是宫室和政

你知道吗

路易十四是在位时间最长的君主

路易十四（1638 年 9 月 5 日—1715 年 9 月 1 日），全名路易·迪厄多内·波旁，自号太阳王，是波旁王朝的法国国王和纳瓦拉国王，从 1643 年至 1715 年在位，长达 72 年零 3 个月又 18 天，是世界上在位时间最长的君主之一。

府办公处、剧院、教堂等，成"一"字形摆开，布局严密、协调，气势磅礴。

宫顶建筑摒弃了巴洛克式的圆顶和法国传统的尖顶建筑风格，采用了平顶形式，显得端正、雄浑。宫殿外壁上端，大理石人物雕像林立，雕像造型优美，栩栩如生。

凡尔赛宫的内部陈设和装潢富于艺术魅力。500多间大殿、小厅处处金碧辉煌，豪华非凡。室内都用大理石镶砌，玉阶巨柱，以雕刻、挂毯及巨幅油画进行装饰，配有17世纪到18世纪造型超绝、工艺精湛的家具。宫内还陈设着来自世界各地的珍贵艺术品，其中有远涉重洋的中国古代瓷器。由皇家大画家、装潢家勒勃兰和大建筑师孟沙尔合作建造的镜廊是凡尔赛宫内的一大名胜。凡尔赛宫的大花园名声也颇为响亮，成为后世西方园林极力仿效的对象。

凡尔赛宫被公认为西方古典主义建筑的代表，在法国及世界各国人民的心中占有重要地位。20世纪以来，法国政府曾对凡尔赛宫进行大规模修整，耗资达2.5亿美元。

在凡尔赛宫中，最具特色的是二楼的"镜廊"。镜廊是沟通国王住室与王后住室的通道，也是国王每天到楼下教堂祈祷的必经之地。镜廊长73米，宽10米，高13米，连接着两个大厅。长廊的一面是17扇拱形巨窗，朝向花园；另一面则镶嵌着与拱形窗相对称的17面镜子，由400多块镜片组成。拱形天花板上是勒勃兰的巨幅油画，展示出了中世纪风起云涌的历史画面。漫步镜廊，碧澄的天空，静谧的园景，尽收镜墙之内，游人仿佛置身于芳草如茵、佳木葱茏的园林之中。

凡尔赛宫的花园呈几何图形。花园中精心设计的雕像、喷泉、树木、草坪分布在中央大道的正中或两旁，层次分明、布置合理。特别是宽阔的中央大道上的一个个喷泉，里面有精雕细刻的人与兽，嘴里喷出一柱柱水流，从宫殿方向望去，与周围的树木、人像雕塑形成一幅和谐、美妙的画面。靠近宫殿的大水池旁那些青铜雕像是古代的神像，神态栩栩如生。

建筑中的美学

◎ 悉尼歌剧院

悉尼歌剧院坐落在澳大利亚的著名港口城市悉尼的贝尼朗岬角上，它依山临海，造型新颖奇特，既像洁白如玉、清雅俏丽的贝壳漂浮在海面上，又像在风浪中迎风启航、飞洒灵逸的帆船，与蓝天碧海交相辉映，巧妙和谐地融为一体。它既是艺术化的建筑，更是建筑化的艺术，被公认为 20 世纪最美丽的建筑物之一、建筑史上的经典之作，是悉尼的标志和澳大利亚的象征。

悉尼歌剧院作为澳大利亚的标志性建筑，最引人注目的是它的奇特造型，既像贝壳，又像风帆，有一种别具一格却又倾倒众生的风情。

拓展思考

悉尼歌剧院创作灵感来源

1956 年，丹麦 37 岁的年轻建筑设计师约恩·乌松看到了澳大利亚政府向海外征集悉尼歌剧院设计方案的广告。虽然对远在天边的悉尼一无所知，但是最终他出色地完成了这一设计方案。晚年后，他解释说，他当年设计悉尼歌剧院的创意来自于切开的橘子瓣，正是那些剥去了一半皮的橘子启发了他，使他完成了这一伟大的创作。

悉尼歌剧院占地近 2 万平方米，长 183 米，宽 118 米，主体建筑采用贝壳形结构，外观为 3 组巨大的壳片，耸立在一个南北长 186 米、东西最宽处为 97 米的钢筋混凝土结构的基座上。第一组壳片在地段西侧，4 对壳片成串排列，3 对朝北，一对朝南，内部是大音乐厅。第二组在地段东侧，与第一组大致平行，形式相同而规模略小，内部是相连的歌剧厅和话剧厅。第三组在它们的西南方，规模最小，由两对壳片组成，里面是餐厅。这些壳片是由 2194 块每块重 15.3 吨的弯曲形混凝土预制件拼成的，壳形屋顶中最高的为 67 米，相当于 20 层楼的高度。所有的壳片外表都覆盖着莹白闪烁的白色瓷砖，经过特殊处理，能抵御海风侵袭，共有 100 多万块。

整个建筑群的入口在南端，有宽 97 米的大台阶。桃红色花岗岩石铺面，据说是当今世界上最大的室外台阶。车辆入口和停车场就设在大台阶下面。

走进剧院，犹如进了水晶宫一般，剧场宽敞明亮、富丽堂皇。在悉尼歌剧院这座世界罕见的建筑群中，音乐厅最为壮观。演奏台建在大厅的正中，环绕演奏台，是 2600 多个风帆状的座位。大厅的墙壁、屋顶和座位都用特殊材料制成，以取得最佳的音响效果。后壁顶端耸立着有 1 万多根铜管的大型管风琴，最大的一根铜管长达 9 米、重 340 千克。据说，这是目前世界上最大的管风琴。歌剧厅有 1500 多个半圆形的座位，在每个座位上都能清晰地看到舞台上的演出。舞台非常宽阔，台上悬挂着澳大利亚艺术家用高级羊毛织成的大挂毯，挂毯为红色，图案由红、黄、粉红三色组成，好似道道阳光普照大地，人称"太阳之幕"，在灯光的照耀下，艳丽夺目。话剧场可容纳 500 名观众，舞台上是一幅"月亮之幕"挂毯，长 9 米，宽 16 米，用蓝、黑、白、棕、黄 5 种羊毛织成，看上去恬静悦目，给人以月夜朦胧的幻觉。

休息室设在壳体开口处，由 2000 多块高 4 米、宽 2.5 米的玻璃镶成的玻璃墙面，令人叹为观止。凭墙眺望，美丽的悉尼海湾风光一览无余。旁边的餐厅，名为贝尼朗餐厅，每天晚上可接纳 6000 余人进餐。此外还有电影厅、大型陈列厅、接待厅、5 个排练厅、60 多个化妆室、图书馆、展览馆、演员食堂、咖啡馆、酒吧等大小厅室 900 余间。它们都巧妙地被设置在底座里。这些厅室装饰华丽，布置讲究，颇具艺术色彩。悉尼歌剧院已经不仅仅是一个歌剧院，更是一个综合性的文化艺术演出中心。它的魅力，主要在于其独特的屋顶造型及其和周围环境浑然一体的整体效果，诗情画意，美不胜收。

悉尼歌剧院以其构思奇特、工程艰巨、气象壮丽而蜚声世界，而由它所引发的是非争论，也是旷日持久。正如澳大利亚皇家建筑学院院长所说："乌松先生的经历表明，冲破世俗，把新的梦想带进城市是极其困难的。"但随着岁月的流逝，悉尼歌剧院在时间的考验中越发展现出它超凡脱俗的动人魅力。伍重本人在 85 岁高龄获得了普立兹克建筑奖，它是建筑界的"诺贝尔奖"。

建筑中的美学

评奖委员会评价他说，乌松先生不顾任何恶意攻击和消极批评，坚持建造了一座一改传统风格的建筑，设计了一个超越时代、超越科技发展的建筑奇迹。这也表明了建筑界对悉尼歌剧院这座巧夺天工的建筑奇葩的最终肯定。

◎水晶宫

　　水晶宫是第一座完全采用积木式组件的大型建筑，对新（钢铁）技术在建筑中运用的自信与乐观，使它尽力回避同时期发展成熟的混凝土技术。

　　19世纪的英国，工业化的钢铁生产使得钢铁预制件应用到建筑业成为可能。当然，工业化、成批量地生产预铸件的优点以及基地系统化的装配，对维多利亚时期的工程师和设计师来说还是一项崭新的施工技术。3300根生铁柱和与之相连的2300根熟铁大梁，规格全部相同，在这种情况下，建造两根柱和3条梁的开间时，用一台小起重机把柱子在预制混凝土基础孔上竖立起来即可，这一过程只需16分钟。采用预制构件，使得整个建筑轻巧通透，满足了其革命性的外形创举——"非固定"的特点——它完全可以建造得更大或更小、更长或更宽。依靠工业化的铁路运输和现场熟练的装配，每层建筑面积7.6万平方米、宽135米、长564米，共有3层的水晶宫竟然在9个月内就顺利完工，并且同时解决了随时可以拆卸下来再重新组装的难题。

知识小链接

维多利亚时期

　　维多利亚时期从维多利亚女王1837年6月20日执政开始到她1901年1月22日去世为止。维多利亚时期是英国历史上最光辉灿烂的时段。其间英国文学蓬勃发展，形成独具特色的维多利亚文学时期。

　　之所以取名为"水晶宫"，是源自于整个建筑所采用的外墙材质。天才的设计师在这里把创造人性化空间的意愿变为现实，他大胆地使用玻璃做建筑物外墙，由于整个结构由钢架完成，旧式的墙体支撑已经消失，作为覆盖和装饰的玻璃更能够创造出通透炫目的奇幻美。从建筑美学来讲，在保证内部拥有充足光线的同时，强化了空间的宁静与辽阔感，从而增加人与自然的交流，收到了极好的效果。

有意思的是，当时有很多人并不认为水晶宫是传统意义上的建筑，并讥之为"特大的花房"。不可否认，与同时代盛行的哥特式风格的庄严的石制大穹窿相比，水晶宫确实是一个异类，它没有纷繁复杂的装饰，外表全为铁件和玻璃。但也正因为如此，它成就了一个前所

通体透明的水晶宫

未有的人工大空间，开阔、明亮、生机盎然，外观晶莹轻灵，使人耳目一新。

处于上升时期的维多利亚时代毕竟是充满活力的，人们很快就接受并深深地喜爱上了水晶宫。为了保留它为永久性建筑，英国公众甚至为其自发捐款。水晶宫的设计者——园艺师约瑟夫·帕克斯顿也因此工程被封为爵士，受到人们的尊敬。

水晶宫作为一个展览性建筑而诞生，在建筑美学上具有划时代的意义：它摒弃了古典主义的装饰风格，向人们展示了一种新的建筑美学风格，其特点就是轻、光、透、薄，从而开辟了建筑形式的新纪元。有人形容在水晶宫里的感觉就如同"仲夏夜之梦"。旅居于英国伦敦的晚清落拓名士王韬也曾用浪漫的中国笔调记录了水晶宫当时的辉煌："……地势高峻，望之巍然若冈阜。广厦崇闳，建于其上，逶迤联翩，雾阁云窗，缥缈天外。南北各峙一塔，

建筑中的美学

43

高矗霄汉。北塔凡十四级，高四十丈。砖瓦榱桷，窗牖栏槛，悉玻璃也；日光注射，一片精莹。其中台观亭榭，园囿池沼，花卉草木，鸟兽禽虫，无不毕备……"令人"目眩神迷"。

◎圣家族教堂

初到西班牙巴塞罗那的圣家族教堂，你绝对会被它犹如鬼魅般的线条所震撼：高耸入云的圆锥尖塔；由正立面钟楼双塔围绕拱顶结构而成的复杂几何图形；石材和混凝土的巧妙流动；表面具有梦幻感的五彩陶釉，无不体现了基督家族的神圣以及天主教信仰的神秘力量。其规模和气势都足以和欧洲中世纪的哥特式教堂匹敌。这些都是建筑师高迪充满热情狂野的想象力的杰作。

你知道吗

圣家族教堂是一座未完工的建筑

圣家族教堂始建于 1884 年，设计建造者是西班牙建筑大师安东尼奥·高迪。在该伟大建筑完工前，安东尼奥·高迪不幸离开了人世，给人们留下的是一座未完成的奇观。没有人知道这座教堂什么时候完工，或许会变成一座永远的教堂，或许它会无尽头地建下去，这一切均不得而知。

圣家族教堂作为巴塞罗那的标志之一，原来只是为赞美劳动者守护神——圣约瑟夫而建造的。因为都市内地价昂贵，他选择了工人住宅来兴建。高迪也不是第一位设计者，1884 年高迪才正式接手。接受委托后，高迪不但做出设计模型，反复推敲、研究，甚至还借助镜子反射，观测总体效果。

圣家族教堂共有 3 个立面，分别为"诞生"、"复活"与"天国"。

诞生立面一共有 3 座门：中间是"基督之爱"，左侧是"希望之门"，右侧是"信仰之门"，全都是《圣经》中的经典场景。这 3 扇门的四周布满了运用有机造型的复杂象征性装饰，以及对天主教礼拜仪式的语言式表现。它们仿佛石钟乳一样垂挂而下，纯正的哥特式布局被这些个性化的装饰"异

化"了。

　　中门之上"种"下一棵锥形的"生命之树"。树的顶端有个红色的十字架以及一只欲展翅高飞的白鸽；树梢有一个鸟巢，白色的塘鹅喂食嗷嗷待哺的幼鸟；枝头的树叶则是高迪的独创造型，最奇妙的是，树座竟然是两只不同的乌龟。为了呈现真实的世界，"信仰之门"和"基督之爱"门立面中的人像，都是以巴塞罗那街头的民众作为模特儿，再根据照片制模和灰泥制模的技术制作而成。

圣家族教堂鬼魅般的建筑

　　在侧旁中殿的结构营造上，设计者高迪排除外部用扶壁支撑的做法。他认为飞扶壁对内部采光和立面外观都是一种限制。因此，中殿列柱很戏剧化地倾斜着，用柱子上半段朝两侧延伸以承载侧向的推力。

　　圣家族教堂最具特色的地方就是围绕在主体四周的玉米一样奇异的尖塔，它们梦幻般耸立于城市中，那种超然于世的美感令人如醉如痴。

　　这些尖塔采用树状结构的支柱排列，按高迪的设计一共要建18座高塔：12座100米高的两两并立的双塔代表耶稣的门徒（如今已完成8个），4个代表传教士，1个象征圣母玛利亚，最高的当然是象征耶稣的主塔，建成后的高度将达180米，比现在最高的中世纪哥特式教堂还要高8米。

　　在这些塔的顶部，高迪使用他惯常喜爱的色彩鲜艳的陶瓷，做成各式各样的装饰，其中以加太隆尼亚省常见的松树球果样式为装饰的塔顶尤其闻名。此种细部装饰是新艺术运动的特色之一。高迪崇尚有机设计风格与取材自然界的手法，呈现出圣家族教堂具象写实雕刻的面貌。

这些生动活泼的镶嵌、五彩缤纷的陶釉，造型千变万化。若非亲临其境，无法想象上面的世界竟是如此多彩多姿，宛如世外桃源般而没有人世间的种种烦扰。

教堂西侧翼殿尖塔上像子弹一样的顶饰，象征了主教的冠冕、指环和信物。这些极不安定的流动造型，都是经由数学运算和合理的分析方法而产生的。

◎ 原子球博物馆

1958 年，万国博览会以"科学的进步"为主题在比利时首都布鲁塞尔开幕。这个博览会有"屋顶博览会"之称。因为在这个博览会上，各国建造的展览馆都以运用新结构为特征，出现了形态各异的建筑。

在所有这些新建筑中，作为博览会主题塔的"原子球"更是别具一格。博览会结束以后，各国的展览馆都被拆除了，只有原子球塔被保留下来，至今仍立于布鲁塞尔市西北易明多市立公园内，成为比利时现代化的标志性建筑，同时也作为供公众参观的科学博物馆。

原子球塔是由著名建筑师瓦特凯恩设计建造的，设计工作从

拓展阅读

万国博览会

万国博览会是一项由主办国政府组织或政府委托有关部门举办的有较大影响和悠久历史的国际性博览活动。它已经历了百余年的历史，最初以美术品和传统工艺品的展示为主，后来逐渐变为荟萃科学技术与产业技术的展览会。

1954 年开始。1955 年年初，他向博览会主办方提出了"原子球"的设计方案。原子球塔的整个设计新颖奇特、独具匠心。

原子球塔自建成之日起，每年都吸引国内外众多游人前来参观。但是，

原子球塔因年久失修，球体外表老化变得斑驳，球体玻璃积下厚灰，即使观众登上最高球体，也难以清晰地欣赏布鲁塞尔市的全貌。为此，布鲁塞尔市从2003年开始陆续对原子球塔进行整修，持续一年多的时间。如今，原子球塔已经旧貌换新颜，并重新向公众开放。

原子球塔以一个拥有9个原子的铁分子正方体晶体结构为基础，把这个晶体结构放大了1650亿倍。换句话说，这座原子球塔就是放大了1650亿倍的铁分子正方体晶体结构。

虽然被称为"原子球"，但这个建筑却是个实实在在的庞然大物。它由9个直径18米的铝质大圆球组成，每个圆球代表1个原子，表面都是用5800块三角弧形铝片焊接而成。各球之间由长26米、直径3米的空心钢管连接。圆球与连接圆球的钢管构成1个正方体图案。其中8个圆球位于8个角上，余下1个置于正方体的中心。这9个圆球加上钢架结构总重量为2200吨。

原子球塔

9个圆球之下，是1个圆形的接待大厅，游人可由此进入塔中参观。原子球塔高102米，有电梯直通专供游人观赏风景的顶端圆球。自顶端圆球而下，可乘自动扶梯依次进入其他圆球内参观。电梯和自动扶梯均巧妙地敷设在联结各球的钢管内。

这些球体内设有各个学科门类的展览室，分别陈列着太阳能、和平利用原子能、航天技术、天文等方面的展品，以及有关比利时气象事业发展史、卫星气象、气象通信方面的图表。在中心圆球里还布满了关

建筑中的美学

于宇宙航行的图片。这些展品向人们展示着比利时的最新科技成果及科技发展史等内容，给人以知识和启迪。参观者中既有来自世界各国的科技工作者，也有许许多多的教师、学生和儿童。对于游人来说，参观原子球塔无异于一次奇妙的现代科学之旅。

　　如果是在晴朗的白天，远远望去，这座气势雄伟的建筑银光闪烁，更显得新颖别致，堪称标新立异的科学艺术品。每当夜幕降临，每个圆球外面的 9 圈灯炮交替发光，象征原子的运动，蔚为壮观。奇妙的灯光点缀着布鲁塞尔的夜景，令人叹为观止。

　　从大厅中央登上欧洲最高速的电梯，不过 20 多秒钟便可到达顶端的圆球。这个圆球高达 102 米，是专供游人登高远眺用的。四周镶着 6 面巨大明亮的有机玻璃窗，并设有很多望远镜，

拓展思考

原子球博物馆的创作用意

　　原子球博物馆创作的主要用意据说有两个：一个是寓意当时的欧洲刚从第二次世界大战的阴影中走出来，正进入经济高速发展时期。创作者选择用庞大的建筑来展示原子结构的微观世界，象征了人类进入了科学、和平、发展和进步的新时代。第二个寓意是当时的欧共体共有 9 个成员国，比利时又刚好有 9 个省，这样原子球塔的整个造型正好成为比利时和欧共体的象征。

可同时供 250 位游客眺望远处。置身于这座圆球之上，鸟瞰布鲁塞尔的旖旎风光，令人心旷神怡。此外，这里还设有可供 150 人就餐的饭店以及一些布置得琳琅满目的小商亭，是休闲、会友的好地方。

绘画天地

◀◀ **KUAILE YUEDU YISHU ZHISHI** ▶▶

绘画是用画笔等工具，墨、颜料等材料，在纸、纺织物、墙壁等表面上描绘可视的物象的艺术。绘画具有鲜明的形象特征，是对现实对象的浓缩与提炼、概括与简化，突出和夸张其本质因素。绘画具备比建筑和雕塑更为广泛的多种多样的表现形式和丰富多彩的题材，因此它的表现领域更为宽广。

绘画的艺术特征

◎ 二维平面造型形式

　　绘画是一种以色彩、线条、明暗塑造形体，在二维的平面上创造出艺术形象的平面造型艺术。绘画里的再现形象都是空间幻象，画家利用各种方法来表现实际空间关系在画面上的变形。塑造空间幻象的物质材料不是占据实际空间的立体质材。它的造型材料如颜料、墨等虽也是一种物质，但是无定形，而且涂抹在绘画载体上薄得几乎没有厚度。即使是颗粒较粗的油画、粉画颜料能在载体上堆砌起来，那种"立体性"也只是质材本身的肌理物理特性，不像建筑、雕塑等艺术造型要直接依赖于物质材料的三维空间性。绘画艺术形象的载体都是像纸、布、墙面等平面空间。绘画媒介材料具有非物质的物质性，与雕塑、建筑的质材性不同，墨、颜料已融入纸、画布之中，其本身的物质实体性不强。

基本
小知识

颜　料

　　颜料就是能使物体染上颜色的物质。颜料有可溶性颜料和不可溶性颜料，无机颜料和有机颜料之分。无机颜料一般是矿物性物质。有机颜料一般取自植物和海洋动物。

　　绘画艺术的造型形象是利用点、线、面、色彩等这些二维平面性质的基本形式因素来完成的。其具象造型是如此，抽象造型更是一种点、线、面、色彩的平面组合。绘画里构成形状的点与线，其实在客观现实里并不存在。线条只是一种体、面空间的转折和不同色块交界相间的位置显现，是我们想象力的创造性产物。物体形象的形状主要取决于外轮廓线的显现，一定的平面也要用线条来围合规范。不同色彩的色相、明暗、冷暖、面积等，可以表现富有节奏韵律的形式美，也可以再现对象的空间关系。但这种用色彩表现出来的三维空间关系，同样只是一种平面载体上的空间幻象，并非三度空间的现实。

绘画是静态性的。其画面是由非动态的线条、色彩、构图等构成的，不同于时间性的音响、连续性的语言叙述、舞动的肢体。即使造型艺术中的雕塑，在现代也有动态性的，如考尔德等雕塑家的活动雕塑。连环画、组画并不存在实际的动态，它们仍是静态画面的组合。固

山水画

定的画框、画面，静止的纸墨材料，决定了描绘对象的固定性、静态性、瞬间性。绘画通过在感性空间中所描绘的物体和事物来进行静止的表述。画家选择某个瞬间场面来进行描绘，以致使运动着的世界静止了。由于只能拥有固定的一个场面，绘画就只有放弃连续性的过程，让想象来发挥其作用。就像音乐要放弃外在形象这个因素以及其他明显可以眼见的性质，绘画便要避开时间、运动等因素。

从欣赏方式来看，建筑、雕塑的视觉欣赏需要观赏者的多角度、多空间的动态、立体的欣赏综合，而绘画的欣赏是在一个角度对一个平面的静态观望。尽管一些长卷画需要移动着观赏各个部分，但作为作品整体，这些部分所组成的仍是一个大的绘画平面，欣赏者也可以在一定距离上静观作品全貌。

◎ 多层次空间展现

绘画虽属二维平面造型艺术，但通过多样的艺术手法，却可以使现实三维（立体的、深度的）空间得到平面转移展现。

广角镜

全才的代表——达·芬奇

达·芬奇是意大利文艺复兴三杰之一，也是整个欧洲文艺复兴时期最完美的代表。他思想深邃，学识渊博，多才多艺，集画家、雕塑家、发明家、哲学家、音乐家、医学家、生物学家、地理学家、建筑工程师和军事工程师于一身。他的艺术实践和科学探索精神对后代产生了重大而深远的影响。

现实世界是一个运动的三维空间，绘画要再现客观物象，必须解决三维（立体的、深度的）空间的平面转移问题。达·芬奇说："绘画显示的第一个奇迹乃是物体从墙壁或其他平坦的表面上凸起，使得精于判断者上当，因为事实上并无凸起。"

光影的明暗变化可以在绘画平面上造成立体空间幻觉。当光线照射在物体上，物体便产生明暗、阴影和投影，体现出物象的立体状态、物质并存系列和广延的空间特征。投射阴影是三维空间的产物，是一个物体投射到另一个物体上面的影子或同一物体中某个部分投射到另一个部分的影子。阴影、投影是非物质性的，可以随着被投射物体的空间体积、形状而变化。如果是球体，投影就呈弧形；如果是方体，投影就呈平面形；如果是非规则体，投影也就呈起伏变化的自由形。投影成了被投射体三维空间形态特征的鲜明标记，是显示三维空间造型的有效手段。

通过透视方法，利用形体关系和色彩变化来表现物象间的距离，在画面上可以产生深度空间幻觉。大小相同的物体与眼睛的距离各不相同，视像就产生变化。距离近的物体视像大，距离远的物体视像小，这就是物体近大远小的透视原理。根据这一原理可以表现空间深度。在疏密方面，任何几何规

则结构的表面，都会随着距离的增加而产生远处密集、近处稀疏的差异，从而产生空间深度的距离感。空气层为蓝灰色，空气中还含有灰尘与水分，物体折射光受到空气和灰尘的阻挡，使我们观看远处的物体就如同隔着蓝灰色薄纱，物体越远，纱层越厚，光度和纯度越低，明暗对比越弱，立体感越弱。利用这种物体的色彩与形状的清晰度梯次来表现空间的深度，称为空气透视。达·芬奇首先提出了空气透视法，并运用到具体的绘画创作当中。其著名的《蒙娜丽莎》，就是通过空气透视法将背景的山崖、小径、树丛和潺潺的流水推向遥远的深处，仿佛笼罩在薄雾之中。

空间方位的有效利用有助于二维画面对于三维幻象的表现。在绘画中物体的方位是以画框为参照系的，画框又是以正立定向的人作为参照系的。画框的上下两边成为画中物体的水平标准参照线，左右两边成为垂直标准参照线，画中物体的正立、倒立、躺卧、倾斜等方位变化均以画框为基准。画框中取得定向的物体，并不会因为画框的倾斜而改变人们的方位知觉。画框内物象的整体结构在画面内的定向与方位，同时表现出画家的视域定向。地平线在画内的高低，表现出画家视点的高低。地平线在画外底边下，物象以天空为背景，物体竖向线且与画框垂直边线呈角度地向上集中，表示画家视域定向为向上的仰视。地平线在画外顶边上面，物象以地面为背景，物体竖向线且与画框垂直边线呈角度地向下集中，说明画家视域定向为向下的俯视。

◎ 具体丰富的形象描绘

绘画比听觉艺术和想象艺术有视觉的直观认识性，有具体的形象性。这种形象又比舞蹈、戏剧、电影等有空间的保持性，便于反复观赏和理解。绘画在表现题材、方法、体裁、语言诸方面比其他造型艺术更丰富多样。人物、风景、动物、静物，历史的、现实的，中国的、外国的，具象的、抽象的，工作学习、运动娱乐……都可以在绘画中得到形象具体的描绘。

与其他造型艺术比较，绘画的环境、场景描绘比雕塑更具体，它更便于

绘画天地

表现人物的表情、神态。它有色彩的逼真性，能描绘出酷似原物的形象。达·芬奇在比较绘画与雕塑时指出："绘画将一切可见的事物，诸如色彩及其淡褪包括入自己的领域之内，雕塑则贫乏，不能包容。绘画能描绘透明物体，雕塑只能向你显示自然物体的外形，并无其他巧妙。画家能够依据物体与眼睛之间的空气所造成的颜色变化，表示不同的距离；他能画出难以透见物体形状的雾霭；能描画背后透露了云团、山峰和山谷的烟雨；能描画那为战斗的人群所搅起、并把这些人马包容在其中的尘土；能画出清浊不一的溪流；能画出在水面与水底之间遨游的鱼儿，以及河底洁净沙土、绿色水草簇拥着的五颜六色的光洁卵石；能画出头顶上高高低低的星辰，此外还有无数雕塑家不敢梦想的效果。"尽管达·芬奇有明显的抬高绘画贬低雕塑的倾向，但也充分地说明了绘画的一些艺术特性。

　　绘画是便于模仿再现客观事物的。一般说来，任何绘画都是从模仿再现开始的。西方绘画的特征首先在于真实再现，直接模仿真实的形象与环境。黑格尔指出："画家能描绘出一个具体情境的最充分的个别特殊细节，因为他能把现实事物的形状摆在眼前，使人一眼就把一切都看清楚。"随着科学的发展，西方绘画的审美原则、表现方法都具有了科学性。解剖学、透视学、色彩学、光学等为绘画的模仿再现功能提供了充分的科学依据。中国传统绘画也强调状物图貌、形神兼备，那些写实性的花卉、鸟虫也是非常逼真的。

中国画赏析

◎ 马王堆一号汉墓帛画

　　中国帛画不仅是举世稀见的文物珍品，也是具有极高艺术价值的美术作品，在世界上别具一格，在美术发展史上有着特殊的地位。如果追溯其绘画

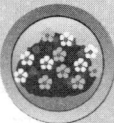

艺术的发展，则不能不提到马王堆汉墓出土的帛画。

帛　画

基本小知识

　　帛画是我国古代画种之一，因画在帛上而得名。帛是一种质地为白色的丝织品，在其上用笔墨和色彩描绘人物、走兽、飞鸟及神灵、异兽等形象。帛画兴起于战国时期，至西汉发展到高峰。

绘画天地

　　下页图为 1972 年在湖南长沙出土的西汉长沙丞相利仓妻子墓棺中发现的"T"形帛幡。上段绘天界及神话人物；中段绘墓主人生前富裕的生活；下段描绘羽人和怪兽，内容十分丰富。中段老妇人与保存完好的女墓主人形象极其相似，这使古代肖像画的历史推到西汉初年。画幅色彩富丽凝重，施色以石色为主，墨线细描，生动细致，构图繁复宏大，表现了画工丰富的想象力和卓越的艺术才能。

　　一号墓帛画，上宽 92 厘米，下宽 47.7 厘米，全长 205 厘米，为"T"形，画面完整，形象清晰。自上而下分段描绘了天上、人间和地下的景象。描绘出许多代表祥瑞的图案（有 6 条龙、3 只虎、3 只鹿、1 只凤和 1 个仙人）。上段顶端正中有一个人首蛇身像，鹤立其左右，可能是大神烛龙；画的左上部有内立金乌的太阳，它的下方是翼龙、扶桑和 8 个较小的红圆点，与古代十日神话接近；相对的右上部描绘了一位女子飞翔仰身擎托一弯新月，月牙拱围着蟾蜍与玉兔，其下有翼龙与云气，应是墓主人升天景象；人首蛇身像下方有骑兽怪物与悬铎，铎下并立对称的门状物，两豹攀腾其上，两人拱手对坐，描绘的是天门之景。中段的华盖与翼鸟之下，是一位拄杖缓行的老妇人侧面像，其前有两人跪迎，后有 3 个侍女随从，根据服饰、发饰特点，并对照出土的女尸，可能是墓主人形象。下段有两条穿璧相环的长龙，玉璧上下有对称的豹与人首鸟身像，玉璧系着张扬的帷幔和大块玉璜；玉璜之下是摆着鼎、壶和成叠耳杯的场面，两侧共有 7 人伫立，是为祭祀墓主而设的供筵；这个场面由站在互绕的两

马王堆一号汉墓帛画

条巨鲸上的裸身力士擎托着，长蛇、大龟、鸱、羊状怪兽分布周围。

此帛画复杂的个体形象经整体安排，既灵活舒散，又循序合理。画上段两条翼龙的向内动态，紧凑地牵领着这一华彩部分；中段两条穿璧长龙呈"H"状，龙首部分为墓主及其随从，在这个画面中心间隔出疏朗的空间，使墓主形象在以密为主的画面上突出醒目，龙尾部分将下段众多形象合拢，并促成境界的自然过渡。以4条龙为构图取势，全画上下呈"开合"节奏，左右呈均衡变化，形象相互以动静对照，达到二维平面绘画风格的高度水平。

帛画中数量可观的人物提供了早期绘画人物造型的特点，头部在人体比例中较大，对墓主全侧面的刻画有助于显现其形象特征，带有肖像画的性质。线条是全部画作的基本造型手段，粗细变化之中流畅致韵。着色方法主要是勾线后平涂，部分使用了渲染，少量形象直接用色彩画成。画面以朱红、土红、暖褐为基调，石青、藤黄、白粉等丰富色彩的运用服从于统一的色调，产生了诡异、华丽、热烈的效果。

◎ 阎立本《步辇图》

阎立本是生活在唐朝初年的人物画家。唐太宗重视绘画为其政权服务，阎立本的作品大都同当时现实生活结合，用绘画反映一些重大的政治事件。传世作品有《步辇图》《历代帝王图》。

《步辇图》描绘了贞观十四年吐蕃派使者禄东赞到长安请婚的政治事件。

唐太宗李世民在宫女的簇拥中乘步辇召见禄东赞。他威严自若地注视着左边第二人禄东赞，面带微笑。而禄东赞则表现出敬畏的表情。左边第三人为朝中引谒的礼官，左边第一人可能是朝中翻译。

《步辇图》

画中端坐辇上者为一身帝威的唐太宗，唐太宗目光炯炯而不失诚善。抬辇、持扇、打伞者为宫女，宫女面形微圆偏润，体态瘦削细弱，标志着六朝仕女的秀骨清像已经开始转向唐朝的丰腴肥硕。唐太宗正前方着红衣者是内廷译官，他手持笏板，引见身后的禄东赞入朝。禄东赞身着吐蕃朝服正向唐太宗行礼。末尾穿白衫的是内侍太监，由此表明这件事发生在后宫。

全卷人物的精神气质刻画得十分得体，从禄东赞那饱经风霜的瘦脸上，我们可以看出他迫切的愿望和干练的办事能力。由卷后章伯益题跋："……诏以琅邪长公主外孙女妻之。禄东赞辞曰：臣本国有妇，少小夫妻，虽至尊殊恩，奴不愿弃旧妇，且赞普未谒公主，陪臣安敢辄取。太宗嘉之，欲抚以厚恩……"我们知道唐太宗十分欣赏禄东赞的精明能干，当即提出要将文成公主嫁给禄东赞。禄东赞说他是奉命公干，且

拓展阅读

《历代帝王图》

《历代帝王图》又名《列帝图》《十三帝图》《古列帝图卷》，此图绢本，设色，长 51.3 厘米，宽 531 厘米。现今我们所见到的《历代帝王图》是后人的摹本。画中刻画了历史上汉至隋间有不同作为的 13 位帝王的形象。

又有家室，所以不从。其实，这可能是唐太宗有意试探禄东赞，看看他是否能够秉公完成使命。唐太宗对禄东赞的态度非常满意，予以重赏。

画家省略了环境描写，据画中出现的宦官形象，无须描绘任何背景就表明了这一重大历史事件出现在后宫。画家遒劲坚实的铁线描甚为精练，奠定了唐宋铁线描的基本形式，设色仅以红、绿、赭、黑等几色，简约浓重，和谐自然。全卷完整地保留了初唐时期人物画的风格。由于该图深藏十分重要的历史文化气息，现已成为研究唐朝与吐蕃民族关系的图证。

这幅作品对人物的神态做了细腻的描绘，既表现了唐太宗李世民雄才大略的气质，也反映了当时唐帝国的强盛和藏汉民族友好交往这一事实。

画家阎立本在高宗时曾为右相。其父与兄均为名画家，学有渊源；他兼学郑法士、展子虔等法，自成一家风格。

◎《韩熙载夜宴图》

顾闳中是我国五代十国时南唐画家，《韩熙载夜宴图》是他传世的唯一作品。该图不但"以孤幅压五代"，在整个古代人物画中也是独具特色的杰作。顾闳中以"目识心记"的写生功力，刻画了韩熙载纵情声色的生活场景。画中主人公韩熙载本是北方贵族，后在南唐为官，得到中主、后主的信任，后主李煜还有意任他为相。但他看透了官场中的严酷斗争，深知宦途的险恶，不愿出任宰相，因而故意放荡纵情，做出颓废无为的姿态。李后主得知此情，派顾闳中去窥探韩熙载家中夜宴情况。顾闳中回去后，把观察到的人物、场景细致入微地描

拓展阅读

千古词帝——后主李煜

李煜是五代十国时南唐国君，961—975年在位。李煜艺术才华非凡，精书法，善绘画，通音律，懂诗词，尤以词的成就最高。流传有《虞美人》《浪淘沙》《乌夜啼》等词，脍炙人口，被称为"千古词帝"。

绘了出来。

该图采用连贯而独立的连环画式长卷结构。全卷从右至左分为 5 段，分别描绘夜宴的不同场景：第一段，欣赏琵琶。韩熙载和宾客饮酒时，被美妙的乐声深深吸引，停杯谛听教坊副使李嘉明的妹妹演奏琵琶。第二段，击鼓助舞。韩熙载脱去外衣，

《韩熙载夜宴图》

持槌击鼓，舞女王屋山转头、踏足、摆动双臂，和鼓而舞。第三段，盥手小憩。韩熙载进入内室，坐于榻上，一侍女捧着铜盆，让他洗手。第四段，闲听箫笛。韩熙载脱去双履，盘坐椅上，袒胸露腹，手摇蒲扇。5 位女子在合奏着箫笛。第五段，散宴谈笑。筵席结束，韩熙载、宾客、女伎们谈笑着，似依依惜别，又好像要重开歌舞。画家以宴乐活动的先后顺序安排画面，每段中间巧妙地用屏风隔开，既使每个场面完整独立，又将整个夜宴活动连在一起。第四、五段间的屏风两边，一男一女的交谈，使两个空间自然连接过渡。

在描绘中，画家运用了精细流利的工笔，明丽浓烈与沉实素雅结合的重彩。用铁线描勾线，刚柔结合，自然流畅。画女子用线较柔和，画男子则稍粗而挺劲。画家善于运用明丽的浅色与浓重的深色对照互衬。男子的长袍和榻几用深色，烘托着用浅色调画出的女子形象，使画面深浅明暗相间，层次明晰。主人公的形象也在色彩烘托中更为突出。第一段用红袍男子与白衣女子衬托深色服饰的韩熙载。第二段则将穿浅黄色长袍的韩熙载夹在红鼓与两个穿深灰长袍的男子中间。浅中之深，深中之浅，引起人们的格外注意。画家在色彩配置上颇具匠心。箫笛演奏者的服装，仿佛是一曲浅红、浅绿和浅蓝的色彩合奏。画中色彩大多是几种色混合而成。黑色是墨中掺色，或先涂

绘画天地

底色，然后罩墨，或重叠罩染。所以黑色、深色既凝重沉实又鲜活生动。在明艳色之间有黑、白色的相隔相融，使整个画面艳而不俗、亮而雅致。

◎《清明上河图》

作者张择端（生卒年不详），字正道，东武（山东）人。曾在画院任职，擅长画人物，据卷后金代张著跋，"本工其界画，尤嗜于舟车市桥郭径，别成家数也"。

这幅长卷对北宋汴梁（开封）的繁荣景象做了生动的描绘。在纵长5米多的画卷中，以各个阶层人物的活动为中心，展现当时的社会风貌。从《清明上河图》中可以看到几个非常鲜明的艺术特色。

拓展阅读

《清明上河图》第一位收藏者

据说，张择端完成这幅佳作后，首先将它呈献给了宋徽宗。宋徽宗因此成为此画的第一位收藏者。宋徽宗酷爱此画，用他著名的"瘦金体"书法亲笔在图上题写了"清明上河图"5个字，并钤上了双龙小印。

第一，内容丰富。《清明上河图》在表现手法上，以不断移动视点的办法，即"散点透视法"来摄取所需的景象。大到广阔的原野、浩瀚的河流、高耸的城郭，细到舟车上的钉铆、摊贩上的小商品、市招上的文字，和谐地组织成统一的整体，在画中有仕、农、商、医、卜、僧、道、胥吏、妇女、儿童、篙师、缆夫等人物及驴、马、牛、骆驼等牲畜。有赶集、买卖、闲逛、饮酒、聚谈、推舟、拉车、乘轿、骑马等情节。画中大街小巷店铺林立，酒店、茶馆、点心铺等百肆杂陈，还有城楼、河港、桥梁、货船，官府宅第和茅棚村舍密集。《清明上河图》中画有815人，各种牲畜60多匹，木船20多只，房屋楼阁30多栋，推车乘轿也有20多件。如此丰富多彩的内容，为历代绘画中所罕见。各色人物从事的各种活动，不仅衣着不同，神情气质也各异，而且穿插安排着各种活动，

其间充满着戏剧性的情节冲突，令观者看后回味无穷。

第二，结构严谨。繁而不乱，长而不冗，段落分明。可贵的是，如此丰富多彩的内容，主体突出，首尾呼应，全卷浑然一体。画中每个人物、景象、细节，都安排得合情合理，疏密、繁简、动静、聚散等画面关系，处理得恰到好处，达到繁而不杂、多而不乱，充分表现了画家对社会生活的深刻洞察力和高度的画面组织和控制能力。

第三，在技法上，大手笔与精细的手笔相结合，善于选择那些既具有形象性和富于诗情画意，又具有本质特征的事物、场面及情节加以表现。作者借助十分细致入微的生活观察，刻画每一位人物和每一件道具。每个

《清明上河图》

人各有身份，各有神态，各有情节。房屋、桥梁等建筑结构严谨，描绘一笔不苟。车马船只面面俱到，细腻而不失全貌、不失其势。比如船只上的物件、钉铆方式，甚至结绳系扣都交代得一清二楚，令人叹为观止。

◎ 黄公望《富春山居图》

《富春山居图》

《富春山居图》是元代著名书画家黄公望（1269—1355）的一幅名作，世传乃黄公望画作之冠。为纸本水墨画，宽33厘米，长636.9厘米，是黄公望晚年的力作。黄公望，字子久，号一

绘画天地

峰，工书法，通音律，善诗词，少有大志，青年有为，中年受人牵连入狱，饱尝磨难，年过五旬隐居富春江畔，师法董源、巨然，潜心学习山水画，出名时，已经是年过八旬的老翁了。黄公望把"毕生的积蓄"都融入到绘画创作中，呕心沥血，历时数载，终于在年过八旬时，完成了这幅堪称山水画最高境界的长卷——《富春山居图》。

知识小链接

水墨画

水墨画是中国画的一种，指纯用水墨所作之画。相传始于唐代，成于五代，盛于宋元，明清及近代以来续有发展。以笔法为主导，充分发挥墨法的功能。基本的水墨画，仅有水与墨，黑与白色，后来的水墨画，也有工笔花鸟画，色彩缤纷。后者有时也称为彩墨画。

它以长卷的形式，描绘了富春江两岸初秋的秀丽景色，峰峦叠翠，松石挺秀，云山烟树，沙汀村舍，布局疏密有致，变幻无穷，以清润的笔墨、简远的意境，把浩渺连绵的江南山水表现得淋漓尽致，达到了"山川浑厚，草木华滋"的境界。

油画赏析

◎《蒙娜丽莎》

《蒙娜丽莎》是文艺复兴时期文艺复兴三杰（达·芬奇、米开朗基罗和拉斐尔）之一达·芬奇的著名画作。

《蒙娜丽莎》成功地塑造了资本主义上升时期一位城市有产阶级的妇女形

蒙娜丽莎

象。据同时代的传记作家瓦萨里记载：蒙娜丽莎是佛罗伦萨一位皮货商的妻子，达·芬奇画她的时候（1503 年画起），她年仅 24 岁，这位妇女刚失去了自己心爱的女儿，常常悲哀抑郁。画家在画她的肖像时，为了让她面露微笑，想出种种办法：请乐师给她奏乐、唱歌，或说笑话，让欢快的气氛帮助她展现笑容。画上的蒙娜丽莎呈现的笑容虽是微弱的，但可以从她的眉宇间看出内心的愉悦，一丝微笑似乎刚从她的脸上掠过。稍翘起的嘴角和舒展的笑肌，可以让人微微感觉到这位妇人在被画的时刻的心情。但她那安详的仪态，表明她的微笑是平静的，不致引起情绪上的波动，这是古代妇女的矜持的美的表现。由于蒙娜丽莎的微笑显得富有魅力，不少美术史家称它为"神秘的微笑"。

绘画天地

在受基督教禁欲主义控制的年代里，妇女的举止是受到许多约束的。她们不能放肆地表现自己的欢乐与痛苦，不然，就是对上帝的"亵渎"。在一般上层妇女中，也不允许肆意地哭与笑。所以中世纪的肖像画，一般都画得呆板、僵硬，人物面部毫无表情。达·芬奇在人文主义思想影响下，开始为表现人的感情而费尽心机，为了画出蒙娜丽莎的真实形象；他

趣味点击　神秘的微笑

多年来，人们一直对《蒙娜丽莎》神秘的微笑莫衷一是。不同的观者或在不同的时间去看，感受似乎都不同。有时觉得舒畅温柔，有时又显得严肃；有时像是略含哀伤，有时甚至显出讥嘲和揶揄。更为有趣的是，荷兰阿姆斯特丹的一所大学应用"情感识别软件"分析出蒙娜丽莎的微笑中含有 83% 的高兴，9% 的厌恶，6% 的恐惧，2% 的愤怒。

还从解剖和生理学上进行研究，探索隐藏在皮肤下面的脸部肌肉的微笑状态，研究人在轻松愉快时的心理变化与反应过程。为此他废寝忘食，有时，微风吹起了湖上的涟漪这一现象，也会引起他的注意，启发他去修改自己的画面。

其次，在构图上，达·芬奇改变了以往肖像画多采用侧面半身或截至胸部的习惯，代之以正面的胸像构图，透视点略微上升，使构图呈金字塔形。这样，蒙娜丽莎就显得更加端庄和稳重。

值得注意的还有蒙娜丽莎的一双手，这双柔嫩的手被画得那么精确、丰满，完全符合解剖结构，它展示了她的性格、她的温柔，更展示了她的身份和阶级地位。从这双手可以看出，达·芬奇的精湛画技和他观察事物的敏锐性。蒙娜丽莎没有华丽的服饰，一条深褐色的头纱上，也不带任何装饰品；衣纹的自然褶襞被画得很仔细。他用一种调胶的颜色来表现软缎的质感。祖露的胸部显示了这位妇女的健康、华贵和青春的美。在背景处理上，达·芬奇运用的是"空气透视法"，把后面的山崖、小径、石桥、树丛与潺潺的流水都推向遥远的深处，仿佛这一切都被笼罩在薄雾里，以此来加强蒙娜丽莎形象的地位。这样一幅不大的肖像画（77 厘米×53 厘米）竟用去他 4 年的时间，这说明达·芬奇不是仅仅为了画好一个贵夫人的肖像，而是在艺术上有所追求的。

对《蒙娜丽莎》的艺术价值，不能仅仅从肖像被画得生动逼真上面去考虑，更重要的是，达·芬奇在这幅画上体现了他先进的艺术思想，即以科学的精神去观察自然的态度。达·芬奇主张在艺术上要做自然的儿子。可是在神学思想里，人是被看成罪恶的化身的。达·芬奇的《蒙娜丽莎》与宗教世界观完全相反，它是一首赞美自然的颂歌。他的肖像画确凿地肯定了人生和美的意义。

◎《最后的晚餐》

从1482年起，达·芬奇在米兰生活了17年。这时，他在科学研究和艺术创作上，进入了一个最成熟也是最繁荣的时期。这幅《最后的晚餐》，就是他接受米兰圣玛利亚·德烈·格拉契修道院的订件。这幅画约从1495年画起，画了3年。这是一个传统的《圣经》题材，两个世纪来，许多著名画家在这一题材上尝试过，但都存在某种不

拓展阅读

修道院

修道院，一为拉丁文的意译，是基督教组织机构名称，简称修院，分为备修院、小修院、大修院3种。二为天主教隐修院的另一译名，始于2～3世纪，分男、女修院，按天主教法典的规定，须由教皇和主教批准，至少有修士12人方可成立。

足，首先是人物缺乏心理冲突，故事的戏剧性展开不生动。而达·芬奇这幅画，克服了过去所有这一题材的表现缺点，从人物的活动、性格、情感和心理反应等特征上，加强了故事的深刻寓意，通过耶稣与犹大的冲突，反映出正义与邪恶之间的对立。实际上，它所展现的，正是当时意大利社会光明与黑暗斗争的缩影。

《最后的晚餐》

《最后的晚餐》取材自基督教《新约全书》"马太福音"第二十六章"设立圣餐"的一节：在逾越节的一个晚上，耶稣预知他的死期将临，和他的12个门徒在一起进晚餐。正在进餐时，耶稣对众门徒说："我实在告诉你们，

绘画天地

你们中间有一个人要出卖我。"门徒们听后，顿时引起触电般的反应，他们个个感到突兀，有的转身，有的站起来向主发问："主，是我吗？"耶稣回答："同我蘸手在盘子里的，就是他要出卖我。"犹大就问他："拉比，是我吗？"耶稣回答："你说的是。"

在这幅画上，达·芬奇是这样来构思这一题材的，他对称地设计了两边各6个门徒的形体动作：

左边一组由巴多罗米奥、安德烈、小雅各3个人组成。

右边一组由马太、达太和西门组成。

中右一组是多马、老雅各、腓力。

中左一组的彼得、约翰和犹大3个人最富有表情，也是画中的主要角色。对犹大，达·芬奇采取了特别的表现手法：犹大情绪紧张，身子稍向后仰，右臂支在桌上，右手握紧钱袋，露出一种抑制不住的惊恐。这13个人中，只有犹大的脸色是灰暗的。

坐在正中央的耶稣摊开双手，把头侧向一边，做无可奈何的淡漠表情，加强了两边4组人物的变化节奏感，使场面显得更富有戏剧效果。而这12个人，由于各自的年龄、性格和身份不同，他们的惊讶与疑虑表情也得到各自贴切的表现。人物之间互相呼应，彼此联系，感情不是孤立的，这是大画家达·芬奇最重要的、也是最成功的心理描写因素。古代所谓"多样统一"的美学原则，在达·芬奇的这幅画上得到了空前有效的体现。

在空间与背景处理上，达·芬奇利用修道院餐厅壁面的有限空间，用透视法画出画面的深远感，好像晚餐的场面就发生在这间餐厅里。他正确地计算离地透视的距离，使水平线恰好与画中的人物与桌子构成一致，给观众造成心理的错觉，仿佛人们亲眼看见了这一幕圣经故事的场面。在这幅画的背景上有成排的间壁、窗子、天顶和背后墙上的各种装饰。它那向心力的构图是为取得平衡的庄严感的对称形式，运用得不好，很容易形成呆板感。明暗是利用左上壁的窗子投射进来的光线来表现的。所有人物都被画在阳光中，显得十分清晰，唯独犹大的脸和一部分身体处在黑暗的阴影里。这种象征性的暗示手法，在绘画上是由达·芬奇开始的。

达·芬奇为这幅画所搜集的资料之多是惊人的。3年间，他苦苦追索着各个人物的模型。教堂的主持者嫌他画得太慢，向教皇告状。一次，达·芬奇不得不对教皇说：犹大这个形象实在难找，不然，就把教堂主持者的头像用上去算了，吓得主持者再也不敢去催促他。他创作了许多人物速写，最后，他在下层的无赖人物中找到了一个可以充作犹大的头像。我们从他的许多草稿中，可以测知他在全局构思时的思想发展过程。他在确立每一个

拓展思考

《最后的晚餐》画中画

意大利一位名叫斯拉维萨·派西的电脑数据专家在看《最后的晚餐》时，发现图片中间部位有一个模模糊糊类似阴影的奇怪图案，他将图片扫描放大后打印了两份，一份用正常的纸，另一份则打印在透明的纸上，然后再将透明纸上的这幅画左右反转后覆盖在第一幅画上。此时令人意想不到的事情发生了：画面中居然出现了两个除耶稣和十二门徒以外的人物形象。

人物的年龄、身份、性格及其经历等特征时，总是一边画，一边记录一些文字："一个人饮过酒，把杯子放下，头即转向说话者；另一个人合拢双手，紧蹙双眉，看着自己的同伙；另一个人伸出两手的手掌，把肩耸到了耳边，嘴上又显出惊奇的状态……"这些形象资料，只有深入地对生活进行观察，才能积累起来，而艺术家的创新和意图的实现，也必须依靠这些可贵的生活资料。

达·芬奇如此费尽心机地创作，不仅仅是为了画好一节圣经故事，而是要通过犹大的叛变与正义人们的精神反应来隐喻人间的善恶斗争。作为一位伟大的人文主义艺术家，达·芬奇的民主主义立场在意大利资产阶级上升时期是坚定的。事实也证明，他的这幅《最后的晚餐》，长期来一直受到世界人

民的赞赏。

◎《雅典学院》

文艺复兴三杰之一拉斐尔为教皇宫殿绘制了大量壁画，其中以梵蒂冈教皇宫内的 4 组壁画最为出色。总题目为《教会政府的成立和巩固》，壁画分列 4 室，第一室的画题是《神学》《诗学》《哲学》和《法学》4 幅；第二室画的是关于教会的权力与荣誉；第三室画的是已故教皇利奥三世与四世的行状；第四室内的 4 幅壁画，系由其学生按照拉斐尔的草稿绘成。

第一室内的《哲学》，也称《雅典学院》，是该室 4 幅壁画中最成功的杰作。这幅巨大壁画（2.794 米×6.172 米），以柏拉图和亚里士多德为中心，画了 50 多个大学者，这不仅出色地显示了拉斐尔的肖像画才能，而且发挥了他所专长的空间构成的技巧。他对每一个人物的所长与性格差不多都做了精心的思考，其阵容之可观，只有米开朗基罗的天顶画才可与它媲美，其时拉斐尔只有 26 岁。

这幅《雅典学院》作于 1510—1511 年间，以古希腊哲学家柏拉图所建的雅典学院为题，以古代 7 种自由艺术——语法、修辞、逻辑、数学、几何、音乐、天文为基础，从而表彰人类对智慧和真理的追求。艺术家企图以回忆历史上黄金时代的形成，寄托他对美好未来的向往。它的主题思想是：崇拜

拓展阅读

英年早逝的拉斐尔

拉斐尔是意大利杰出的画家，和达·芬奇、米开朗基罗并称文艺复兴三杰。他给世人留下了 300 多幅珍贵的艺术作品。他的作品博采众家之长，形成了自己独特的风格，是手法主义的代表人物，也代表了当时人们最崇尚的审美趣味，其代表作有油画《西斯廷圣母》、壁画《雅典学院》等，1520 年拉斐尔高烧猝逝于罗马，终年 37 岁。

希腊精神，追求最高的生活理想。这是人文主义艺术家的夙愿。

《雅典学院》

全画以纵深展开的高大建筑拱门为背景，大厅上汇聚着不同时代、不同地域和不同学派的著名学者，有以往的思想家，也有现世的名人。他们在自由地讨论，情绪热烈，好像在举行什么典礼，或庆祝某个盛大节日，显示了这里洋溢着百家争鸣的气氛，凝聚着人类智慧的精华。这座建筑物显然是以布拉曼特设计的圣彼得大教堂为范本的，两侧的壁龛里分别供立着智慧女神雅典娜雕像（右侧）和音乐之神阿波罗雕像（左侧）。中心透视点的层层拱门，直通遥远的天际。这是一个极其神圣的环境，学者们被对称而富有节奏地配置在台阶两侧，上层台阶的人物排成一列，中心是两位伟大的学者——柏拉图与亚里士多德，他们似乎在进行着激烈的争论，正向观众方向走来。其余的人，众星托月，有的在注视，有的正在谛听这两位老人的谈话。其他的人自然地形成几个小组。

这幅画的色彩处理也很协调，建筑背景全是乳黄色的大理石结构，人物的衣饰有红、白、黄、紫、赭等，相互交错。此画透视正确，不仅表现在画面的空间深远感，在地面的图案、拱顶的几何装饰构成上，也都显示着精确的透视知识。全局秩序井然，合乎真情实景，仿佛可以从这间大厅里听到空旷、洪亮的回声。

◎《西斯廷圣母》

《西斯廷圣母》完成于1514年，是拉斐尔最成功的一幅圣母像。它以甜

绘画天地

69

《西斯廷圣母》

美、悠然的抒情风格而闻名遐迩。

拉斐尔最擅长画圣母，他画过很多圣母像。这部《西斯廷圣母》是最成功的一幅。这幅祭坛画，指定装饰在为纪念教皇西克斯特二世而重建的西斯廷教堂内的礼拜堂里的。最初它被放在教堂的神龛上，至1574年，一直保存在西斯廷教堂里，故得此名。

画面表现圣母抱着圣子从云端降下，两边帷幕旁画有一男一女，身穿金色锦袍的男性长者乃教皇西克斯特，他向圣母圣子做出欢迎的姿态。而稍作跪状的年轻女子乃圣母的信徒渥娃拉，她虔心垂目，侧脸低头，微露羞怯，表示了对圣母圣子的崇敬和恭顺。位于中心的圣母体态丰满优美，面部表情端庄安详，秀丽文静。趴在下方的两个小天使睁着大眼仰望圣母的降临，稚气童心跃然画上。

知识小链接

祭坛画

祭坛画是画在木板上安置在教堂圣坛前面的画，有的类似可以折叠的屏风画。代表作品有《最后的审判》（米开朗基罗）、《根特祭坛画》（凡·埃克兄弟）、《西斯廷圣母》（拉斐尔）。

拉斐尔的这幅名画对美丽与神圣、爱慕与敬仰的把握都恰到好处，显示出高雅、柔媚、和谐、明快的格调，因而使人获得一种清新、纯洁、高尚、升华的精神享受。

拉斐尔在这里创造了一个具有崇高牺牲精神的母性形象。为了拯救人类，圣母将儿子送往人间。他采用了较为稳定的金字塔形构图，来铺陈这一场面：绿色帷幕刚刚揭开，圣洁而美貌的圣母赤着双脚，怀抱耶稣，显现在光辉普照的天上，正徐徐下落来到人间。又似乎正在挪动轻盈的步子，从云端里走下来，但又好像凝滞不动，露出期望的表情。一对晶莹的眼睛，注视着苦难的人间。由于圣母还在云中，身上的衣服被细微的和风吹拂着。被母亲搂得紧紧的耶稣，瞪着两只小眼睛，似乎在等待圣母给他决断未来的命运。这个云中的圣母头上既没有表示神的光环，也不戴宝冠。连圣母身上的绿色斗篷、红色上衣和褐色头巾也是十分平易近人的，另外毫无华贵的装饰。

这一庄严而典雅的圣母形象，可以说是画家所有圣母像中最成功的一幅。

◎《马拉之死》

19世纪法国画家雅克·路易·达维特（又译大卫）的油画《马拉之死》，是肖像画中的另一种典型代表。

知识小链接

肖像画

肖像画是人物画的一种，专指描绘人物形象之画。肖像画按其不同的创作要求和表现手法，又分为头像、胸像、全身像、半身像和群像等种类。它要求画家对人物的容貌、体形、情态、服饰及背景等做真实生动的描绘，表现其精神特征、身份地位、民族属性、时代风尚，并反映出画家本人的思想感情。

《马拉之死》描绘的是法国革命家马拉被杀手刺杀在浴缸里的历史事件。画家用写实的手法再现了当时马拉刚刚被刺的惨状：马拉倒在浴缸里，被刺

《马拉之死》

的伤口清晰可见，鲜血已染红了浴巾和浴缸里的药液，握着鹅毛笔的手垂落在浴缸之外，另一只手紧紧地握着凶手递给他的字条。女刺客夏绿蒂·科尔代是利用马拉对她的同情趁其不备下的毒手。我们还可以看到丢在地上的带血的凶器。在浴缸的旁边立有一个木台，这就是马拉办公用的案台，案台之上有墨水、羽毛笔、纸币和马拉刚刚写完的一张便条："请把这5法郎的纸币交给一个5个孩子的母亲，她的丈夫为祖国献出了生命。"

画家用写实的手法再现了当时的情形。画家将画中的主角设计在一个情节和场景之中，丰富了肖像画的表现内容，增强了它的感染力。

画家有意将画面的上半部处理得单纯、深暗，以突出下半部的客观写实表现；同时，加强死者身体的下垂感和这一令人震惊、愤慨的事件给人们带来的压抑、憋闷以及莫大的悲痛之感。

马拉工作的木台有如纪念碑一般，使画面产生了一种凝重、庄严的气氛；尤其是在木台的立面上画家精心安排的法文"献给马拉·达维特"有如石碑上的铭文。这简洁、严谨、明晰、理智的表现手法以及这深入、具体、真实再现细节的刻画，反映了达维特对马拉的无比敬重之情。同时，也反映了法国大革命期间，古典主义的盛行以及人们渴望寻求一种时代所需要的理想的英雄主义精神。据说达维特在马拉被刺死的两个小时后就赶到了现场，并被眼前的惨状所震惊，于是他决定用画笔来记录这悲壮的历史场面。画风极为写实，局部刻画也很翔实。这是一幅沉浸于深刻的悲剧情感中的、结构简洁而严谨的作品，达维特成功地把人物肖像描绘、历史的精确性和革命人物的悲剧性结合起来。

◎《日出·印象》

该画是印象主义绘画的开山之作，它标志着印象派绘画的产生，使其迅速成为一个风靡全球、影响深远的世界性画派。它强调自然界的光和色，把光与色的变化作为绘画的主流。法国画家、也是该名画的作者莫奈，被认为是第一个采用外光技法进行绘画的印象派大师。

知识小链接

印象主义

印象主义是19世纪后期产生于法国的一种艺术思潮和流派。印象主义画家根据光色原理对绘画色彩进行了大胆的革新，打破了传统绘画的褐色调子，彻底反对官方学院派艺术的统治，后来成为以法国为中心的欧洲美术运动的主流。

19世纪下半叶，光学原理改变了画家对固有色的观念，由此他们开始在艺术上对外光表面的新探索。《日出·印象》描绘的是在晨雾笼罩中日出时港口的景象。在由淡紫、微红、蓝灰和橙黄等色组成的色调中，一轮生机勃勃的红日拖着海水中一缕橙黄色的波光，冉冉升起。海水、天空、景物在轻松的笔调中，交错渗透，浑然一体。近海中的3只小船，在薄雾中渐渐变得模糊不清，远处的建筑、港口、吊车、船舶、桅杆等也都在晨曦中朦胧隐现……这一切，是画家从一个窗口看出去画成的。如此大胆地用"零乱"的笔触来展示雾气交融的景象，这对于一贯正统的沙龙学院派艺术家来说乃是

绘画天地

艺术的叛逆。该画完全是一种瞬间的视觉感受和活泼生动的作画情绪使然，以往官方学院派艺术推崇的那种谨慎而明确的轮廓，呆板而僵化的色调荡然无存。这种具有叛逆性的绘画，引起了官方的反对。

这幅名画是莫奈于 1873 年在阿弗尔港口画的一幅写生画。他在同一地点还画了一张《日落》，在送往首届印象派画展时，两幅画都没有标题。一名新闻记者讽刺莫奈的画是"对美与真实的否定，只能给人一种印象"。莫奈于是就给这幅画起了个题目——《日出·印象》。它作为一幅海景写生画，整个画面笼罩在稀薄的灰色调中，笔触画得非常随意、零乱，展示了一种雾气交融的景象。日出时，海上雾气迷濛，水中反射着天空和太阳的颜色，岸上景色隐隐约约，模模糊糊看不清，给人一种瞬间的感受。

◎《向日葵》

《向日葵》是凡·高最著名的油画。

文森特·威廉·凡·高出生在荷兰一个乡村牧师家庭。他是后印象派的三大巨匠之一。凡·高年轻时在画店里当店员，这算是他最早受的"艺术教育"。后来到巴黎，和印象派画家交往，在色彩方面受到启发和熏陶。为此，人们称他为"后印象派"。但他比印象派画家更彻底地学习了东方艺术中线条的表现力。

凡·高生性善良，同情穷人，早年为了"抚慰世上一切不幸的人"，他曾自费到一个矿

拓展阅读

后印象派

后印象派是从印象派发展而来的一个西方油画流派。在 19 世纪末，许多曾受到印象主义鼓舞的艺术家开始反对印象派，他们不满足于刻板片面地追求光色，强调作品要抒发艺术家的自我感受和主观感情，于是开始尝试对色彩及形体表现性因素的自觉运用，后印象派由此诞生。

区里去当过教士，跟矿工一样吃最差的伙食，一起睡在地板上。矿坑爆炸时，他曾冒死救出一个重伤的矿工。他的这种过分认真的牺牲精神引起了教会的不安，终于把他撤职。这样，他才又回到绘画事业上来，受到他的表兄以及当时荷兰一些画家短时间的指导，并与巴黎新起的画家（包括印象派画家）建立了友谊。

凡·高多次描绘以向日葵为主题的静物，他爱用向日葵来布置他的房间。他曾说过："我想画上半打的《向日葵》来装饰我的画室，让纯净的或调和的铬黄，在各种不同的背景上，在各种程度的蓝色底子上，从最淡的维罗内塞的蓝色到最高级的蓝色，闪闪发光；我要给这些画配上最精致的涂成橙黄色的画框，就像哥特式教堂里的彩绘玻璃一样。"凡·高确实做到了让8月阳光的色彩在画面上大放光芒，这些色彩炽热的阳光，发自内心虔诚的敬神情感。

《向日葵》

绘画天地

16朵形态各异的向日葵，或绚烂或枯萎，或隐或现，以淡黄色为背景，以深黄色为向日葵的主色调，另有几朵含苞未放，以淡黑色点缀花蕊，颜色上给人一种强烈的对比，画面总体上给人一种明亮而又强烈的生命力，让人感到生活充满希望，阳光是那样的明媚，天空是那样的广阔。

《向日葵》历来是为人称颂的名画之一。据英国《泰晤士报》报道，英国伦敦大学玛丽女王学院曾做过一个有趣的研究：让一群从来没见过真花的蜜蜂"欣赏"4幅色彩绚烂的名画复制品，看看蜜蜂反应如何。结果发现，凡·高的油画《向日葵》特别受蜜蜂青睐。蜜蜂多次停落在"向日葵"上，想品尝其中的"花蜜"。

版画赏析

◎《祇树给孤独园》

《祇树给孤独园》为唐咸通九年（868）出版的《金刚般若波罗蜜多心经》中的扉页插图。卷末有"咸通九年四月十五日王玠为二亲敬造普施"数字。画图的左上方刻"祇树给孤独园"，左下方刻"长老须菩提"，标明图意和图中人物。内容表现佛在舍卫城的祇树给孤独园中说法之事。画面上两个飞天正在散花，长老须菩提正合掌仰首向佛。画面众多人物安排十分谨严，线条疏密有致，刻工精美，是一件成功的版画作品，也是世界公认的最早、较成熟的一件版画作品。

基本小知识

版 画

版画是视觉艺术的一个重要门类。古代版画主要是指木刻，也有少数铜版刻和套色漏印。当代版画的概念主要指由艺术家构思创作并且通过制版和印刷程序而产生的艺术作品，具体说是以刀或化学药品等在木、石、麻胶、铜、锌等版面上雕刻或蚀刻后印刷出来的图画。

这本经卷原藏敦煌莫高窟藏经洞，后为匈牙利人斯坦因劫走，现藏于伦敦大英博物馆。这件作品说明，中国早期的版画是为佛教宣扬教义所用。另外，以线为主塑造形象是古代版画的主要特点，是中国画的线描在版画中的体现。

绘画天地

◎《博古叶子》

作者陈洪绶，明代著名版画家，曾读《楚辞》有感，画过《屈子行吟图》，后被用作《楚辞述注》的木版插图。现代塑造屈原形象的美术作品，大多依据陈洪绶所刻画的屈原形象。另外，他还创作过《西厢记》《鸳鸯冢》等文学作品的版画插图，以及版画《水浒叶子》。这套《博古叶子》是他去世前一年为汪南溟先生所作的。所谓"叶子"是流行于古代的一种酒令牌子，用于罚酒助兴之用。这套《博古叶子》共48页，画历史上各种不同经历的人物48个。无论构图还是人物情态，比之他中年时创作的《水浒叶子》版画都更为精妙，是他晚年的精心之作。

◎《持箭的女人》

伦勃朗（1606—1669）之作。他不仅是17世纪荷兰著名的画家，而且也是著名的版画家。他从22岁起开始从事版画创作，一直到1661年为止，共计创作了1000多幅版画。伦勃朗的版画采用腐蚀铜版法创作，他发挥了腐蚀铜版极善于表现细腻复杂的形体这一特长，在版画创作中融入他特有的光线处理手法，使画面达到完整和谐。《持箭的女人》铜版画是画家创作版画生涯中最后一张作品，也是他最优秀的版画作品之一。画面明暗对比强烈，女性皮肤的质感和光线在皮肤上微妙的变化也表现得十分成功。

知识小链接

铜版画

铜版画是版画的一种，也称"蚀刻版画"、"铜刻版画"、"铜蚀版画"、"腐蚀版画"，指在金属版上用腐蚀液腐蚀或直接用针或刀刻制而成的一种版画。因较常用的金属版是铜版，故称铜版画。铜版画艺术典雅、庄重，在国际上一直被认为是一种名贵的艺术画种。

◎《外与内姿八景》

《外与内姿八景》，是日本浮世绘画家安藤广重的著名组画之一。浮世绘归纳起来大致有两种形式："绘本"和"一枚绘"。"绘本"即插图画本，江户（1603—1867，即日本封建社会晚期，亦称德川幕府时代）初期开始有古典小说的插图本，后来陆续出现了通俗的插图读物，到万治年间，随着市民小说的产生，这种"绘本"发展得更加兴旺。"一枚绘"即单幅木刻画，尺寸大小不等，但要求画工更精细些。按刻制技法和套色多寡来区分，大致有20来种，如墨折、丹绘、漆绘、浮绘、锦绘、蓝绘等等。

浮世绘的题材大都是民间风俗生活，所谓"浮世"，即指现世的社会众生相。它反映的生活面极其广泛，有社会时事、民间传说、历史掌故、戏曲场景、古典名著图绘等。有的画家专事记录战争事件，抒写山川景物或描绘妇女生活。

这组《外与内姿八景》，是安藤广重初期专写美人闺房生活的组画之一（4张一组）。他细腻地表达了妇女闺房的薰炉绣被、倚翠偎红的妆奁情趣，颇为当时的观者所推崇，时人爱之者甚众。在图的右上方，加画了一幅圆框画，小题目是《走廊上的暮雪·台阶夕照》，这就告诉读者，这里提示着画面上的另一个"镜头"，使观者理解到，妇女在化妆的同时，感觉到门外的雨雪声，于是她走上前去，拉开门扉，看到了外面的景色，即"外姿"。也就是说，在一幅画面上分内外两姿，闺房淑女的内心与外感两种姿态。右上方所加的圆框画，即妇女的"外感"，描绘的是妇女的姿态形象，而不是外景，主要画面是妇女的闺房生活。这4幅画合起来，构成8幅图景，称之为"八景"。这种带连续性的表现形式，是为了加强情节的心理描绘过程，观赏起来别有一番兴味。

永恒的旋律

◀◀ **KUAILE YUEDU YISHU ZHISHI** ▶▶

音乐是表达人们思想感情、反映现实生活的一种艺术。音乐可以通过熏陶及感染的途径，潜移默化地影响人的心灵，使心灵得到美的滋润。由于音乐能把高度发展的社会理性凝聚呈现为明显直观、灵活多姿的感性形式，因此它在提高审美感受能力的同时能给人以教育，对社会影响极为深远。

音乐的艺术特征

◎ 时间性、听觉性的艺术形象

　　音乐是时间延续的艺术，没有时间，音乐根本无法表达。

　　人在静静地欣赏音乐时，时间分分秒秒地过去了。而塑造音乐形象所用的最基本的材料——"乐音"本身就体现了时间的延续性。人们听到一个音，无论高低、强弱、音色如何，从它的发响到被人听觉感知，直至消失，需要一个时间的过程。而一个音乐形象的完整展现更需要一个时间片段，并且这个过程必须是延续性的，否则，音乐形象的完整性会遭到破坏。与之相比，空间造型艺术形式则不同。绘画艺术是静态的艺术，其色彩、线条都不能随时间流动，除非使用动画手段，否则单独的一幅图画是无法体现时间性的。

　　一切音乐表现手段都体现着时间性。节奏，指音乐中诸如拍、拍子、小节和乐句等在时间方面（不涉及音高）的有规律的运动。它不仅需要时间来完成，其本身意味着一种时间的概念，它用长短交替的对比来塑造音乐形象。

拓展阅读

音　色

　　音色是指声音的感觉特性。音调的高低决定于发声体振动的频率，响度的大小决定于发声体振动的振幅，但不同的发声体由于材料、结构不同，发出声音的音色也就不同，可以通过音色的不同分辨不同的发声体。根据不同的音色，即使在同一音高和同一声音强度的情况下，也能区分出是不同乐器或人发出的。

速度，指乐曲进行的快慢，说得更确切些就是节拍单位搏动的频率。也就是说，单位时间内节拍搏动的频率越快，乐曲的速度就越快，反之则越慢。若没有时间作为准则，速度就没有意义。而速度的不同直接影响着音响形象的塑造。塑造音响形象时所用的其他表现手段，如旋律、力度、和声、调式等，都无一例外地依附于时间而存在。

交响乐的魅力

　　自不待言，音乐更是听觉的艺术，音乐艺术形象的建立完全依赖于听觉，听觉将现场实际的音响通过听者的听觉转化为人脑可知的信号。人们在听音乐会时，不同的乐器所发出的音响会通过听觉在人的头脑中建立一个音响形象。小提琴柔美的音色，会使人联想到一位美丽少女翩翩的舞姿……而隆隆的鼓声，会使人联想到阴云密布、山雨欲来的天空……微弱的声音代表来自远方，减弱的声音代表正在远去，等等。也许这就是人们说"音乐是世界通用语言"的原因吧。作曲家写作的目的也是供人欣赏的，如果不将乐谱转化为音响供听觉感受，那么，写作也是毫无意义的。

◎ 概括性、宽泛性的情感蕴含

　　《乐记》中认为音乐所表达的情感可分为哀、乐、喜、怒、敬、爱 6 种基本类型。黑格尔曾在《美学》中指出："在这个领域里音乐扩充到能表现一切各不相同的特殊情感，灵魂中一切深浅程度不同的欢乐、喜悦、谐趣、轻浮任性和兴高采烈，一切深浅程度不同的焦躁、烦恼、忧愁、哀伤、痛苦和怅惘等等，乃至敬畏、崇拜和爱之类情绪都属于音乐表现所特有的领域。"但这些情感在音乐中的表现是概括性和宽泛性的。

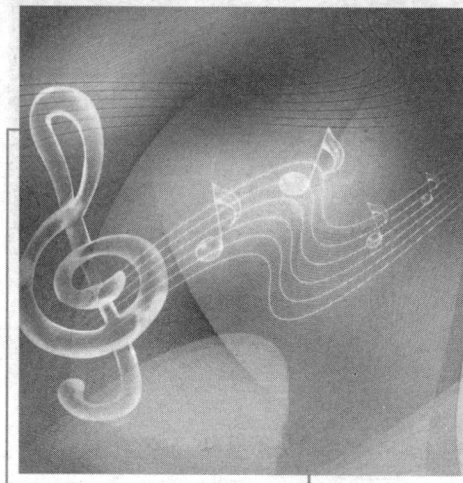

美丽的音乐　美好的情感

在音乐创作阶段，在不使用文字的情况下，要将自己的情感抒发得淋漓尽致，可以使用旋律、节奏、速度、力度等音乐表现手段。但这与具体的现实情感是有一定距离的，它所能及的是比较普遍的概括性的情感状态。不是任何场面、任何心理情绪都能用音乐来描述的。音乐毕竟不同于文学，即便是在标题音乐中，作者也只能通过少量的文字解释，引导读者去联想。在无标题音乐中，听者所能感到的只是音乐的朦胧宽泛的意境，只能用一些形容词来描述自己对音乐的感受，不会说出精确的描绘内容。

宽泛是音乐情感理解的特点。即使音乐所表达的某种情感很鲜明，这种表达也不是十分精确的。因此，同一部音乐作品所表达的情感给个性不同的听者带来的感受是不尽相同的。当人们欣赏柴科夫斯基第六交响曲《悲怆》时，都会被它那强烈的、悲痛的情绪所感染，但人们所体验到的悲痛又各不相同。有人会联想到个人悲惨境遇的悲痛，有人会联想到失去亲人的悲痛，等等。不同的个体将这种概括的情感具体化、个性化了。

标题交响乐尚且无法达到，无标题交响乐就更不用说了。音乐是世界通用的语言，正由于音乐所表达的情感是人类所共有的，所以，当音乐表达情感时往往不会受到文化、地域、语言等因素的限制，从而使不同的民族都能得以沟通。

◎ 格律性、数学性的结构形式

从文学角度说，格律性是指诗、赋、词、曲等关于字数、句数、对偶、平仄、押韵等方面的格式和规则。而音乐的格律性是通过音符、动机、副动机、乐节、乐句、乐段、曲式等来体现的。

首先，音乐的动机具有格律性的特点。广义地区分动机类型大致有3种：第一，从弱拍开始在强拍结束的动机；第二，从强拍开始在弱拍结束的动机；第三，从弱拍开始，经过强拍，结束于弱拍的动机。

其次，从乐段结构的方整性特点来看音乐的格律性。所谓方整性结构，一般是指以4小节为一组的结构，或以4小节为基础的简单的偶数倍数（即乘以偶数，如8小节等于4小节乘以2，16小节等于4小节乘以4）为一组的结构。这样，在乐段的类别中便又产生了方整性结构和非方整性结构的两种不同的乐段。音乐的这一特点正与中国古典诗歌相近，例如诗经为四言方整结构，绝句包括五言、七言两种，均为方整结构。

最后，看看格律性在音乐曲式上的体现。正如诗歌艺术中的格律性常常表现为诗句对偶、段落工整、字数分配均衡、首尾呼应等特点，音乐作品的曲式结构也存在着类似的特征。传统音乐作品的曲式结构本身就追求一种稳定感、平衡感、协调感。

音乐形式又具有数学性。从巴洛克时期的一种乐谱简记法开始，到18世纪中叶的数字低音时期，音乐与数学的结合就密不可分，而这种结合不光表现在结构形式上，还在其他方面得到了长足的发展。第二次世界大战以来，音乐给人印象极为深刻的发展，是十二音作曲实践惊人的快速普遍、传播。在这门技法的奠基人勋伯格、贝尔格及威伯恩的音乐中，除了将音符贯穿在作品里形成的网络状的进程中的序列音排列成表外，还包含序列中的数学性，即音符的序列数的合法性。这个理论概念的基本特征是把音乐作品作为一个有机整体进行数学化，构成音乐的各要素在有机整体中是相互联系和相互依存的，它们之间达到了离开其中之一便不能解释另一个的紧密程度。这充分表明，新方法论不仅研究高度一体化的宏观结构，还要深入到构成音乐作品的微观领域中去研究音与音、和弦与和弦之间的数学关系。

永恒的旋律

音乐作品赏析

◎ 小提琴协奏曲《梁祝》

小提琴协奏曲《梁山伯与祝英台》将民间故事中的"草桥结拜"、"英台抗婚"、"坟前化蝶"3个主要情节，分别安排在奏鸣曲式的3个主要部分之中。乐曲开始，在弦乐长音和定音鼓轻柔的震音的背景上，响起清脆婉转的笛声，接着双簧管奏出优美动听的旋律……这是一段漂亮的前奏，使人想到"春光明媚、鸟语花香"的图景。前奏结束后，在清淡的竖琴伴奏下，独奏小提琴奏出淳朴美丽的"爱情主题"。

拓展阅读

协奏曲

协奏曲最早是作为一种声乐体裁出现的，16世纪指意大利的一种有乐器伴奏的声乐曲。从17世纪后半期起，指一件或几件独奏乐器与管弦乐队竞奏的器乐套曲。由几件独奏乐器组成一组与乐队竞奏者称为大协奏曲。由小提琴、钢琴、大提琴等一件乐器与乐队竞奏的协奏曲称为独奏协奏曲。

这一主题由独奏小提琴在低八度上复奏一次之后，大提琴声部与独奏呼应对答，象征着梁祝草桥亭畔双双结拜的情景，继而，全乐队再次奏出"爱情主题"。这一主题的充分陈述表现了男女主人公相互倾慕、喜悦激动的心情。随后是独奏小提琴的一段自由华彩，它细致地刻画了祝英台爱恋着梁山伯却又无法表白的复杂心情。华彩段还使前面的音乐更加完满，并为下面音乐的引入做好准备。接着，轻快的伴奏推出了活泼流畅的第二个主题。

这个带有嬉戏特点的主题，通过带有中国民族民间音乐手法特征的加花、扩展重变（变奏），技巧性的变化、对比，带复调因素的织体写法等发展过程，把梁祝同窗三载、共读共玩的生活描绘得有声有色、呼之欲出，而后音乐转入慢板。

由独奏小提琴奏出的这一旋律，脱胎于"爱情主题"，音调的缠绵、速度的缓慢，渲染出惋惜凄切的情绪，使人意会到梁祝二人长亭惜别、依依不舍的情景。

乐曲的展开部由3个段落组成：第一段是"英台抗婚"。由主音至属音的下行四音列音调从慢转快、从弱到强，形成风暴欲来、惴惴不安的气氛，遂在急促的三连音烘托下钢管奏出代表封建势力的主题，以此寓意"逼婚"。

与它相抗的是独奏小提琴奏出的、由"爱情主题"变体而成的、带有散板特点的短句和悲愤的歌腔。继而变为由呈示部中第二主题的对比部分音调演化而来的"抗婚主题"：切分节奏和强劲四音和弦演奏，体现着不屈的精神和中烧的怒火。两个音乐主题交替出现，逐渐形成了第一个矛盾冲突的高潮——强烈的抗婚场面。此后，乐队停下来，一支单簧管奏出引子五度下行音调的变体，在这凄楚的色调上，进入展开部的第二段——独奏小提琴的悲切曲调：大提琴随后在低音区复奏这一旋律，与小提琴对答交流，在表现上符合了"楼台相会，互诉衷情"的情节。此后，音乐急转直下，以闪板、快板表现祝英台在梁山伯坟前向苍天控诉。在这个展开部的第三个段落中，用京剧中倒板和越剧中器板的"紧拉慢唱"的手法，渐次推出第二个发展的高潮——"哭灵投坟"。在小提琴奏出欲绝之句后，锣鼓管弦齐鸣，达到全曲最高潮。

乐曲的第三部分——再现部，清脆婉转的笛声又起，竖琴的华彩送出以中慢速度演奏的"爱情主题"。由于加了弱音器演奏，使音乐带上了朦胧虚幻的味道，象征着梁山伯、祝英台双双化蝶，翩翩起舞。独奏小提琴与乐队的交替复奏，把纯真的"爱情主题"抒发得淋漓尽致，细致处理的结尾，强化了作品的浪漫主义色彩；亲切迷人的独特风格，更使它的形式美与内容美完

永恒的旋律

美统一。

◎《费加罗的婚礼》

《费加罗的婚礼》四幕喜歌剧，取材于在奥地利被禁演的博马舍的话剧。改编后的剧本削弱了原剧对封建社会的抨击，增添了抒情性的描写。这部歌剧热情地歌颂了以费加罗、苏珊娜为代表的"第三等级"人们的正直、勇敢、机智的品质，揭露和讽刺了以伯爵为代表的封建贵族的骄奢和虚伪。歌剧的序曲高度概括了全剧的喜剧欢乐气氛，音乐材料虽然不是来自歌剧，但从中可以感受到费加罗和苏珊娜的机智、美丽的形象。这个序曲采用省略发展部的奏鸣曲式，一开始小提琴奏出疾走如飞的第一主题，然后转由木管乐器咏唱。呈示部的小结尾还出现了新的优美、细腻的旋律。

知识小链接

喜歌剧

喜歌剧又称"谐歌剧"，是和正歌剧相对立的歌剧种类。喜歌剧盛行于18世纪，主要流行在法国、意大利、德国等欧洲主要国家。喜歌剧有下列一些常见的特点：表现人们熟悉的生活场景和人物，具有喜剧因素，结尾往往是团圆或胜利，音乐轻快，用本民族语言等。

序曲言简意赅，很好地体现了这部歌剧所特有的轻松和欢乐，它那进展神速的节奏充满了生活的动力。这部歌剧的序曲常常脱离歌剧单独在音乐会上演奏，深受人们的欢迎。在这部歌剧中还有一些久唱不衰的唱段，费加罗咏叹调《不要再去做情郎了》就是一首流传极广的男中音独唱曲。伯爵的书童凯鲁比诺是个风流少年，伯爵调他去担任卫兵军官时，费加罗唱这首歌送给他。音乐具有进行曲风格，采用回旋曲式 ABACA 的形式，第二插部快速地反复同一个音调，表现出诙谐、幽默、俏皮的特点。

这首费加罗咏叹调非常有名，很多著名的歌唱家都演唱过，它还常常作为音乐会独唱曲目演出，深受世人的喜爱。

◎《第五交响曲》

《第五交响曲》又称《命运交响曲》，是古典乐派德国伟大作曲家贝多芬于1805年完成的杰作。此时正是贝多芬异常痛苦的时期，个人恋爱上的受挫和耳聋日益严重使贝多芬几乎绝望了。在这样的情况下，贝多芬以惊人的毅力和顽强的斗志，完成了这部伟大的作品。《命运交响曲》是一首光明战胜黑暗的壮丽凯歌，揭示了人生所遇到的失败和胜利、痛苦和欢乐。全曲共分4个乐章，第一乐章奏鸣曲式，体现了作者一生与命运搏斗的思想。贝多芬在回答他的学生兴德勒时说，第一乐章的主题思想是"命运的敲门声"。乐曲一开始就冲出了强劲有力的命运敲门式的动机，在这一动机基础上发展出惊惶不安的第一主题。

直到圆号吹出由命运动机变化而来的号角音调，才引出明朗、抒情的第二主题。

这一安谧、温暖的主题似乎表现人们面对严酷的命运，表现出一种无可奈何的心情和对幸福的憧憬。但是这样的安宁场面并不长久，执拗的命运动机并没有消失，它只是暂时躲在第二主题的低声部。随着命运叩门声的重新出现，在展开部，这两个主题展开了激烈的、戏剧性的斗争，威风凛凛的命运暂时占了上风。命运动机不仅是第一乐章的核心，而且贯穿全曲始终。

第二乐章是一首辉煌的抒情诗，体现了人的感情体验的复杂世界。第一主题抒情、安详，充满内在的热情，由中提琴和大提琴拉出；第二主题由铜管乐器吹出英雄豪迈的凯旋进行曲。第三、四乐章没有间歇，表示决战前夕各种力量的对比和群众欢庆胜利的场面。当乐曲发展到高潮时，狂欢突然中断，又响起了早已丧失元气的命运动机的威吓声，辉煌的第四乐章的第一主

永恒的旋律

题再次响起，这场与命运的决战终于以光明的彻底胜利而告终。

这部交响乐是贝多芬全部交响乐创作中最有代表性的一部。

◎《蓝色多瑙河》

《蓝色多瑙河》100 多年来传遍全球，被誉为奥地利"第二国歌"。它渗透着维也纳人热爱家乡的情意。然而这首充满生命活力和爱国之情的圆舞曲，最初却是应维也纳男声合唱协会的请求创作的合唱圆舞曲。作曲家约翰·施特劳斯受到诗人卡尔·贝克的一句诗的感染："真情就在那儿苏醒，在多瑙河边，在那美丽、蔚蓝色的多瑙河边。"

他找到了这首名曲的灵感，经人填词，于 1867 年 2 月 13 日演出，效果一般。半年以后，他将这首合唱圆舞曲改编成管弦乐曲，在巴黎国际博览会上演出并获得成功。乐曲按典型的维也纳圆舞曲结构：序奏——5 首小圆舞曲——结束部写成。序奏一开始，圆号在小提琴震音的衬托下吹出主题动机，使人联想起黎明的曙光拨开了河面上的薄雾，森林倒映在静静流淌的多瑙河上。接下来是 5 首连在一起演奏的小圆舞曲，在每一首小圆舞曲中都体现出了在无比美好的大自然里，在美丽的多瑙河两岸，春天来了，人们欢欣舒畅，尽情舞蹈。结束部再现了几个小圆舞曲的某些段落，最后在热烈欢腾的气氛中结束全曲。这首既有民族风格又有高度艺术性的乐曲，体现了一种奥地利人特有的品格，正如汉斯立克所说："不管奥地利人相逢在世界何处，这首没有歌词的《马赛曲》，就是他们无形的身份证。"

◎《卡门》

《卡门》是 100 多年来各国上演最多的歌剧经典作品之一，是法国著名作曲家乔治·比才的代表作。在这部歌剧中现实主义得到深化，社会底层的平民小人物成为作品的主角。在音乐中把浓郁的民族色彩、个性鲜明的音乐语言，以及法国喜歌剧传统的表现手段熔于一炉，创造了 19 世纪法国歌剧艺术的最高成就。

基本小知识

歌 剧

　　歌剧是将音乐（声乐与器乐）、戏剧（剧本与表演）、文学（诗歌）、舞蹈（民间舞与芭蕾）、舞台美术等融为一体的综合性艺术，通常由咏叹调、宣叙调、重唱、合唱、序曲、间奏曲、舞蹈场面等组成。

永恒的旋律

　　歌剧《卡门》是根据法国19世纪批判现实主义作家梅里美的同名小说改编的。主人公烟厂女工卡门是一个漂亮而有性格的吉卜赛姑娘，她爱上了军官霍塞。霍塞被卡门的魅力所吸引，抛弃了原来的情人。为了讨得卡门的欢心，霍塞离开军队，加入了卡门所在的走私贩行列。当他发现卡门不再爱他，又爱上了斗牛士时，霍塞难以忍受，最终杀死了倔强的卡门。这部歌剧的序曲由3个部分组成：一、热烈的西班牙节日主题；二、斗牛士主题；三、悲剧性的卡门主题。

　　乐曲一开始由木管、铜管和弦乐奏出嘹亮热烈的进行曲风格的第一主题。它色彩明朗、情绪欢快，不可抑制的欢乐、热闹气氛把人们带到了西班牙赛维勒斗牛场中。接着乐队以轻盈的力度奏出了充满豪爽傲气的斗牛士的主题，铜管乐器则为之提供坚定、潇洒和兴高采烈的节奏背景，体现了一种胜利的英雄色彩。在弦乐器的颤奏背景下，卡门的悲剧性主题以缓慢的速度在乐队的低声部中呈现，这是一个有凶兆的令人难忘的命运动机，同时也预示了歌剧的悲剧结局。

　　在这部歌剧中，各种体裁各种风格的合唱有10多首，色彩缤纷，引人入胜。卡门所唱的《爱情就像一只不驯服的鸟》和《西班牙塞吉第亚舞曲》是非常出色的唱段。前者以连续下滑的乐句不断反复，调性游移在同名大小调之间，表现了卡门热情、倔强、诱人的形象；后者以鲜明活泼的节奏，带有野气咏叹性的旋律，进一步显示了卡门热情、泼辣的性格。《斗牛士之歌》是斗牛士答谢欢迎他的群众而唱的一首歌，音调雄壮有力，好似一首凯旋的进行曲。歌剧中还有一些富有戏剧性的卓越的重唱。

◎《茶花女》

　　《茶花女》是广大中国观众和读者所熟悉的一部作品，是三幕歌剧。剧本是皮亚威根据法国作家小仲马的同名小说改编而成的，由威尔第作曲，皮亚维作词，1853 年 3 月 6 日首演于意大利威尼斯凤凰剧院。音乐以细微的心理描写、诚挚优美的歌词和感人肺腑的悲剧力量，集中体现了威尔第歌剧创作中期的基本特点。虽然首演由于各种社会原因而遭到失败，但它很快就得到了全世界的赞誉，被认为是一部具有出色艺术效果的巨著，并由此成为各国歌剧院中最受欢迎的作品之一。难怪《茶花女》的原作者小仲马要说："50 年后，也许谁也记不起我的小说《茶花女》了，但威尔第却使它成为不朽。"剧本对被侮辱与被损害的弱者表示了深切的同情，对压迫下层市民的资产阶级偏见与世俗势力做了一定程度的揭露。它不仅饱含感情地写出了玛格丽特的不幸遭遇，为她的悲剧结局而叹息，而且突出了她那善良真诚的品格与崇高的自我牺牲精神。玛格丽特是一个沦落风尘但心地纯洁的女性形象。

《茶花女》舞台照

　　《茶花女》的意大利名称为 Traviata，原意为"一个堕落的女人"或"失足者"，一般均译作"茶花女"。歌剧描写了 19 世纪上半叶巴黎社交场上一个具有多重性格的人物——玛格丽特。她名噪一时，才华出众，过着骄奢淫逸的妓女生活，却并没有追求名利的世俗作风，是一个受迫害的女性形象。虽

然她赢得了阿尔弗雷德·阿芒的爱情，但她为了挽回一个所谓体面家庭的"荣誉"，决然放弃了自己的爱情，使自己成为上流社会的牺牲品。

◎《E 小调第九交响曲》

《E 小调第九交响曲》也称《新世界交响曲》，是 19 世纪下半叶世界交响音乐珍品，在世界各地经常上演。这部交响曲是捷克伟大的民族音乐家德沃夏克 1893 年在美国写的，同年年底在纽约首演时获得很大成功。德沃夏克以真诚质朴的感情和鲜明亲切的音乐形象，抒发了他对美国这个新大陆的印象和感受，以及对祖国和家乡的思念之情。全曲共分 4 个乐章，它的结构采用古典曲体。第一乐章是严格的奏鸣曲式，慢板的引子悠闲而自在地奏出沉思般的乐句，好像把人们引入想象世界，体验着作者初到美国时的感受。紧接着乐队以强烈的节奏打破宁静，奏出既像是愤怒呐喊，又像是热情号召的第一主题。

永恒的旋律

知识小链接

交响曲

交响曲是器乐体裁的一种，是管弦乐队演奏的包含多个乐章的大型（奏鸣曲型）套曲。源于意大利歌剧序曲。基本特点为：第一乐章快板，采用奏鸣曲式；第二乐章速度徐缓，采用二部曲式或三部曲式等；第三乐章速度中等或稍快，为小步舞曲或诙谐曲；第四乐章又称"终乐章"，速度急速，采用回旋曲式或奏鸣曲式等。

这个以固定节奏型为基础、具有民间舞蹈性的乐句由单簧管和大管奏出，主题的前四小节是运用美国黑人"灵歌"的切分节奏，后四小节是典型的斯拉夫歌曲性音调，这一主题有机地贯穿在整部交响曲中。副部有两个甜美的富于歌唱性的主题，带有黑人民间音乐的特点，甜美中体现了乡愁和伤感的思绪。第二乐章，复三部曲式，这一乐章受到美国诗人朗费罗的长诗《海华河之歌》中"森林中的葬礼"一章的启发。海华河是一位印第安的民族英雄，他温柔而美丽的妻子明内哈哈在饥饿中死去，人们默默地向她告别。英国管独奏的旋律揭示了海华河孤独、悲伤的心境和惨淡的气氛。据说在美国初演时，许多听众听到这个旋律时感动得热泪沾巾，评论家们也把它看成是一切交响乐慢板中最动人的乐章。后来这一旋律被改编成很多器乐独奏曲。德沃夏克的一位学生把它改编为独唱曲和合唱《思故乡》，广为流传，后来人们竟把它误认为是美国民歌。乐曲在这里远远超过了原诗的形象，体现了德沃夏克对波希米亚的深深眷恋之情。第三乐章谐谑曲，这一乐章作曲家好像把"新世界"暂时撇开，从"海华河的婚宴中的印第安舞蹈"得到启发，沉浸在故国的民间舞蹈的海洋之中，舞蹈由慢而快不停地旋转。第四乐章奏鸣曲式，热情澎湃，气势宏大雄伟。这是一个总结性的乐章，前面乐章的主题一一再现，这些主题经过发展变化后，与新主题交织在一起，将乐曲推向高潮。

◎《西班牙狂想曲》

趣味点击　这不是我的速度

响彻全球的《波莱罗舞曲》是拉威尔作品中的精品。1929 年，《波莱罗舞曲》在纽约首演，由世界著名指挥家托斯卡尼尼亲自指挥。音乐会结束后，托斯卡尼尼高兴地朝拉威尔走来。拉威尔突然说了一句："这不是我的速度。"托斯卡尼尼也不示弱地回敬了他。这场争吵，导致拉威尔和托斯卡尼尼之间的不和。

《西班牙狂想曲》是拉威尔著名的作品，这位公认的管弦乐大师以他高超的技巧、华丽多彩的音响，大大丰富了乐队整体的表现力。然而，此曲在首演时保守派在演奏厅里发出嘲弄的声响，而拉威尔的支持者却报以热烈的喝彩声。

拉威尔是具有西班牙血统的法国作曲家，对西班牙有着特殊的感情，作品中常采用西班牙题材。音乐上并不直接引用西班牙民间音乐，而是加工成一种具有西班牙精神的音调，使同行们十分惊讶和叹服。

《西班牙狂想曲》共由 4 首乐曲组成，描绘了西班牙的生活风俗场面。第一首乐曲为"夜的前奏曲"，开始由小提琴与中提琴奏出下行音型，以表现夜晚安静的气氛。

第二首乐曲为"马拉加舞曲"。马拉加舞曲是西班牙南部一种很有力的凡旦戈舞曲，拉威尔运用这一体裁创作出色彩艳丽、独特新颖的乐曲。

第三首乐曲为"哈巴涅拉舞曲"，哈巴涅拉是带有歌唱的慢速度哈瓦那舞曲，它在西班牙非常盛行，音乐独具匠心，充满温柔之感。

第四首乐曲为"集市"，描绘了民间集市上的喧闹和节日狂欢的生动场面，情绪十分活跃，是一首西班牙舞曲风格的管弦乐曲，气势宏大、辉煌。

永恒的旋律

影视博览

影视是电影和电视剧的合称，是时间艺术与空间艺术的复合体。它既像时间艺术那样，在延续时间中展示画面，构成完整的银幕形象；又像空间艺术那样，在画面空间上展开形象，使作品获得多手段、多方式的表现力。影视虽然诞生比较晚，但由于其特殊的艺术形式，使它获得了快速的发展，成就斐然。

影视的艺术特征

◎ 视觉造型性

　　虽然影视艺术属视听艺术，但却是以视觉为主、听觉为辅。因为影视艺术诉诸观众的主要还是直观的视觉形象，影视所调动的一切手段，无论是借用文学、绘画、建筑，还是音乐、戏剧的手段，或者是影视特有的蒙太奇手段，都必须创造出鲜明而生动的视觉符号。影视所运用的一切手段，如摄影、灯光、化妆、道具、服装、特技等，都主要是为实现和加强视觉效果服务的。影视艺术在画面的有限空间内，通过直观而生动的视觉形象塑造人物、叙述事件、抒发情感、阐释哲理。因此，影视艺术最本质的美学特性之一，就是它的视觉造型性，即视像性。

知识小链接

蒙太奇

　　蒙太奇是音译的外来语，原为建筑学术语，意为构成、装配。最早被延伸到电影艺术中，意思为镜头组合。后来逐渐在视觉艺术等衍生领域被广为运用。

　　影视的这个特征要求影视的画面造型能够产生直观的视觉效果。画面是构成影视的基本单位，是影视的基本艺术语言。应该说，没有画面就没有影视艺术的存在。文学作品是通过语言文字塑造艺术形象，那么，读者看到的仅仅是其媒介手段——文字，读者只有运用想象，并结合自身的经历和体验，才能感受出具体形象，因此文学作品的艺术形象具有间接性、模糊性的特征。

而影视艺术是直接给观众"看"的艺术，它诉诸观众的是具有造型表现力的形象，无须观众更多的想象，具有可听可见的直观性特征。

◎ 广阔的时空性

影视有着广阔的时空性。音乐和文学等艺术中的形象只在一定的时间流程中展开和完成，不与空间发生关系，属于时间艺术；绘画、雕塑、建筑等艺术仅在一定的空间中以静止凝固的状态诉诸人们的感官，没有时间流程，属于空间艺术；舞蹈、戏剧

我的电影　我的梦

与影视既具备时间流程，又存在于一定的空间内，因此被列入时空艺术的范畴。然而，影视艺术在逼真、直观、多方位地体现时空关系方面，具有极大的自由度和丰富性，这是同为时空艺术的舞蹈、戏剧所难以企及的。在影视中可以让时空倒流或往前推，可使时间凝固，或将真实空间、虚幻空间交错在一起，给予时空以假定性、可变性和伸缩性。

在戏剧、舞蹈欣赏中，观众虽能看到整个演出场面和演员的整套表演，但观众的视角与舞台的距离是固定不变的。在同一场戏中，舞台一般只能提供剧情中的一个侧面。而影视观众可以随着摄影（像）机不断转换视点。摄影（像）机既可展现人物的正面相貌，又可侧拍、仰拍、俯拍，使观众可以从多个角度观看对象。

影视作品的空间可以海阔天空，从沙漠到大海，从天空到地面，从摩天大楼、喧哗的现代都市一下子就换到僻静的小巷、边远的村落。随着科学技术的进步、社会的发展以及影视艺术表现力的日趋丰富，影视创作者们逐渐

抛弃了以单一时间为序的线性思维模式和手段，而代之以时空交织的多线型、多方位的思维模式和手段。这种既重时间、又重空间的立体思维，对表现现代人的复杂心理，反映丰富多彩、形形色色的社会生活，更为得心应手，而这一切都得益于影视艺术时空转换的自由与随意。

影视作品中时间的转换也是灵活自由、手法多样的。影视作品的时间既指影片放映的时间，也指影片内容的时间。影视作品中的时间不仅可以被镜头压缩，即跳过一段时间，如《简·爱》中简·爱的成长只用了由短发变为长发的两个镜头，这两个镜头的转换浓缩了 10 年的时间；也可以将时间拉长或使时光倒流，如一对相爱的情侣久别重逢，本只需几秒钟即可走到一起，导演故意用慢镜头让两人热情、急切地飞奔过去，一步步慢慢跳起又落下，仿佛是一段跑不完的路程，以此表现重逢的喜悦、兴奋和来之不易，这里时间被延伸、被拉长了。

自由转换的时间和空间是有机统一的。将历史人物的幽灵与现实生活中的人物纠葛在一起，以及科幻片里的进入时光隧道、做各种异想天开的梦一般的旅行，等等，都不仅使时间倒流了，而且也改变了整个影片的空间结构。这时，延续时间、压缩时间、凝固时间、回溯时间都是在组织新的空间。在这样的叙事中，现实空间、幻觉空间，生的空间、死的空间交叉出现，有组织地重叠在一起，通过蒙太奇剪辑使之形成感人肺腑的生动画面。这时，观众就产生了一种特殊的心理空间和情感空间，于是，空间靠着时间寄寓着富有诗意的审美效应，时间则在空间的变幻中被主观化了。

◎ 艺术的综合性

综合性是影视的又一重要审美特性。影视艺术本身的发展进程清楚地证明，正是在不断地综合姊妹艺术、利用科学技术等过程中，影视艺术才最终形成了自己独特的艺术系统。影视艺术的综合性体现在两个方面：一方面，影视艺术是现代科学技术与艺术的融合；另一方面，影视艺术又综合吸取了

各门艺术千百年来积累起来的精华，为己所用。

影视艺术受科技影响最大，往往是高新科技与艺术结合的产物。就电影、电视的技术基础而言，它综合了光学、声学、电学、物理学、化学、机械学、计算机科学等多种自然科学与应用科学的技术成果。科学技术是影视艺术的基础，也是影视艺术机体不可缺少的组成部分。如果没有现代工业提供光、电、声、化等方面的先决条件，没有感光胶片、光学镜头、摄影机、放映机等配套设备的问世，就不可能有电影的诞生。而且影视的最基本构成元素——画面与声音，也都是科学技术的产物。画面由黑白到彩色再到立体，声音由无声到有声再到立体声，都是以科技发展为前提的。

影视语言的基础——蒙太奇的应用，同摄影机摆脱固定状态密切相连，如果没有摄影机的改进，蒙太奇的运用是不可能的；景深镜头使创作者可以在镜头内进行场面调度，大大提高了银幕空间的表现力，加大了画面的信息量，这同样依赖摄影镜头性能的改良；长镜头的运用，同样取决于现代摄影机的小巧、便携；而变焦摄影、遮幅拍摄、叠影、高速摄影、背景合成等，无不依靠技巧印片机和高速摄影机等电影器材所提供的便利；等等。

知识小链接

长镜头

长镜头是一种拍摄手法，指的不是实体镜头外观的长短或是焦距，也不是摄影镜头距离拍摄物的远近，而是拍摄的开机点与关机点的时间距，也就是影片的片段的长短。长镜头并没有绝对的标准，是相对而言较长的单一镜头。通常用来表达导演的特定构想和审美情趣。

此外，影视艺术的综合性更体现在它吸收姊妹艺术的长处和特点，丰富和充实了自己的艺术表现力。影视艺术拥有了绘画、雕塑所不具备的运动形态，拥有了音乐所没有的造型因素，突破了戏剧、舞蹈时间和空间的局限性，

影视博览

并把文学的语言符号转化为诉诸视觉和听觉的直观形象。

　　影视的蓬勃发展与戏剧关系密切，戏剧艺术多年来在编剧、导演、表演等方面所形成的艺术规律，为影视艺术提供了许多可贵的经验。影视艺术不仅借用戏剧的创作题材和戏剧表演经验，而且将戏剧性冲突和戏剧性情境纳入作品之中，强化了其可观赏性。然而二者之间仍有根本的区别：影视中的戏剧因素以表现时间和空间方面的最大自由取代了戏剧"三幕、三场、三堵墙"所造成的时空局限性；演员的表演要求朴实、自然、生活化，而力避戏剧舞台表演中的程式与夸张。

　　还有，文学的发展也对影视艺术起到了极大的推动作用。影视艺术从文学中吸取和借鉴了许多叙事方式和叙事手段，以此强化其叙事功能。而且影视文学在影视艺术创作过程中具有举足轻重的作用，因为影视艺术的成功首先取决于剧本。不仅如此，文学各种体裁都曾经直接对电影产生过巨大影响。影视向诗歌学习，产生了富有抒情性的诗电影，如我国影片《城南旧事》、美国影片《金色池塘》、日本影片《远山的呼唤》等；影视向散文学习，产生了散文电影或显示出散文化的特点，如我国影片《我的父亲母亲》、意大利影片《罗马11时》等。然而文学是以抽象的语言来反映现实世界，文学作品的艺术形象具有模糊性、不确定性的特征，而影视艺术是以具体的形象画面来反映客观世界与人的内心及其发展变化的过程，因此，影视作品中的艺术形象具有鲜明的确定性和直观性。

　　此外，影视艺术从绘画、雕塑等艺术中吸取了造型艺术的规律和特点：注重画面的构成层次的安排，光、影、色彩的运用，以及运用二维平面去创造三维空间。但影视的绘画因素不仅具有造型性和视觉的再现性，强调视觉形象的直接感染力，而且突破了静止空间的限制，以活动着的画面充分展现生活的全貌，远远摆脱了绘画借助动态瞬间暗示事物运动的局限。

　　影视艺术把音乐作为概括主题、抒发情感、渲染气氛的重要表现手段。在影视作品中，音乐这一长于抒情的听觉艺术元素，极大地丰富了影视艺术

的感染力。然而影视艺术的音乐元素必须在与影视画面的和谐配合中才能产生明确、丰富的含义。因而，影视作品中的音乐不同于只作用于听觉的纯音乐形式。

需要注意的是，影视艺术对其他艺术进行借鉴和综合，并不是将各种艺术简单地杂糅、混合在一起。影视艺术吸取了诸种艺术元素，用自己旺盛的生机改造和综合它们，取消了它们进入影视艺术之前各自的独立性，使它们相互配合，凝聚成为一种新的有机综合。各种艺术的多种元素被影视所同化和吸收，并发生了质的变化，从而使影视艺术成为时空综合的视听艺术。

影视艺术综合性的美学特性绝不仅限于各种艺术元素的有机融会，这种综合性突破了艺术的层次，更加集中地反映在美学层次上的高度综合性，体现为再现性和表现性的统一、纪实性和抒情性的统一、技术性和艺术性的统一，使得影视艺术成为迥异于其他艺术种类的一种独立的艺术样式。

影视博览

影视作品赏析

◎《淘金记》

这是世界著名电影喜剧大师查理·卓别林的代表作，也是世界喜剧片的经典之作。

故事情节是这样的：流浪汉夏尔洛去淘金，遇上胖子吉姆，他们历尽艰辛，找到金矿，成为暴发户，夏尔洛与他一直爱慕的乔治亚喜结良缘。故事本身并不新奇，但是卓别林充分调动电影手段制造喜剧效果，非常成功。

影片一开始就渲染了环境，突出了夏尔洛的险恶处境：他在白雪茫茫的荒原上乱闯，似乎迷失了方向。在画面中，他的身后出现一只熊，而他却根本没有察觉。影片把一种灾害的可能发生与主人公对此毫无意识这两种对立的因素通过视觉形象表现出来，既有喜剧效果，也预示了夏尔洛将要面临的危险处境。同时也为影片定下基调：这是一部具有悲剧性因素的喜剧片。

构成这部影片的是许多段落，每个段落有自己的基本主题。这些主题往往是严肃的，但在影片的叙述过程中却充满了喜剧场面。卓别林靠这些喜剧场面的逐渐积累，突出每个段落的基本主题。例如夏尔洛在小屋中遇到了逃犯拉森和大个子吉姆，他们共同受到饥饿威胁，卓别林以饥饿的威胁为主题，设计了一系列独特的喜剧场面。夏尔洛把皮

拓展阅读

喜剧片

喜剧片指以笑激发观众爱憎的影片。喜剧片多以巧妙的结构、夸张的手法、轻松风趣的情节和幽默诙谐的语言，着重刻画喜剧性人物的独特性格。喜剧片种类较多，常见的有歌颂性喜剧和讽刺性喜剧。

鞋煮了，然后分而食之。这还不够可笑，更可笑的是他们模仿参加盛大宴会的方式吃皮鞋，把鞋带当作通心粉，用叉子卷起来吃；把鞋当作鸡肉，但是吐出来的不是鸡骨头，而是鞋钉。接着吉姆因饥饿而丧失理智，影片以吉姆的主观视点加以表现：夏尔洛在吉姆眼中像鸡一样走路，随后变成了硕大的鸡，吉姆想打死夏尔洛充饥。这种主观镜头表现的幻觉在卓别林影片中并不多见，它不仅加强了喜剧效果，也暗示出严肃的主题：当人们在生死存亡的紧急关头，就有可能丧失理智而自相残杀；人为了追求财富（在这部影片中是淘金），就会发展到人吃人。由此可见，他对社会现实的批判是深刻的，而表达方式却是非常巧妙的。

喜剧一般难以塑造丰富的正面人物形象，特别是用抒情感伤情调表现带有悲剧性的命运，而《淘金记》却表现得很成功。这主要体现在夏尔洛与舞女乔治亚的爱情方面。开始夏尔洛陷入了可悲的境地，他对乔治亚一见钟情，但看来却没有发展关系的希望。影片的剪辑巧妙地突出了这一点：他看着迷

人的乔治亚，发现她也笑容可掬地向这个方向看，他受宠若惊，迎上前去，却发现她根本没有注意他，而是在频频向他身后站着的杰克眉来眼去地调情。后来，她与杰克闹别扭，为了气他，故意要找一个舞场中最不起眼的舞伴，因此挑上了夏尔洛，可见他在她眼中的地位。他成为人们嘲笑的对象，先是裤子要掉，他用手杖勾住；后来他顺手抄来一根绳子拴住裤子，我们会以为他总算渡过难关，不料绳子那一头拴着一只狗，这狗去追一只猫，又把夏尔洛拉倒，造成一场混乱的闹剧。观众尽管被逗笑，但始终同情夏尔洛这个被侮辱的小人物。这

《淘金记》海报

个段落的高潮是夏尔洛的梦幻。除夕夜，他苦苦地等待乔治亚及其他舞女赴会，而她们早把这事忘到脑后，在舞厅与杰克寻欢作乐。对比十分鲜明。这时夏尔洛陷入梦幻境界：乔治亚等人飘然而至，央求他表演节目，他用叉子叉起两个梭子形的小面包，当作舞女的脚，随着音乐节奏，模拟舞女的舞姿，在桌面上翩翩起舞。这是电影史上的一个经典段落，卓别林的模拟舞蹈技艺高超、富有韵律，本身有极强的喜剧性，而且突出了他的感情纯真质朴，反衬出乔治亚等人的庸俗和缺乏人性。这里，感伤情景和喜剧场面完美融合，使人意识到，最可笑的地方恰恰也是悲剧性最强的地方。观众是含着泪在笑。

影片的结局是完满的大团圆，这在卓别林的喜剧片中是少见的。这个结尾在影片内容方面意义不大，但是在喜剧结构方面有作用，它平衡了喜剧性

和悲剧性所占的比重，使影片喜剧性占了上风，满足了观众的同情心，他们希望这位始终受欺辱的小人物最终交好运。

◎《目击者》

这部影片是有新意的惊险片。编导把影片的主要环境安排在阿门人生活的农村。阿门人是一个坚持独特生活习俗的教派，从欧洲移居美国，他们拒绝现代文明，反对使用暴力，不与外族通婚，也不关心外界发生的事情。当一件谋杀事件影响到阿门人平静封闭的生活时，就产生了与一般惊险片不同的艺术效果和更丰富的社会意义。

阿门人年轻的寡妇雷切尔带着儿子塞缪尔外出旅行，经过费城车站时，塞缪尔在男厕所里偶然看到一件凶杀案。凶手是警官麦克菲和弗吉，他们因参与走私毒品，担心罪行败露，杀了知情者。塞缪尔吓得发出了轻微的响声，麦克菲过来搜查，塞缪尔机智地躲过去了。

警官约翰·布克奉命调查这件案子。在警察局里，塞缪尔从

拓展阅读

惊险片

惊险片是以惊险情节贯穿全片的故事片。由于样式和题材的特定要求，惊险片一般较多地利用悬念、夸张的结构手法，使故事情节曲折离奇，矛盾冲突紧迫尖锐，场面惊险，扣人心弦，具有引人入胜的特殊艺术效果。

一张剪报的照片里认出凶手麦克菲。布克向局长保罗·沙费汇报了，局长要求他保密。但是，当布克回家时，在车库却遭到麦克菲的枪击，不幸受伤。布克明白局长保罗也与此案有关，他不得不带着雷切尔和塞缪尔逃走。为了躲避保罗一伙的谋杀，他们只好来到雷切尔的住所——一个阿门人的村庄。雷切尔违反了教规，把一个外教的布克留下来养伤。

影片接着展现了阿门人淳朴善良的性格和与西方现代文明截然不同的社

会生活，布克伤好后参加了村里的集体劳动。在这段生活中，他与雷切尔产生了真挚的爱情。

警察局长保罗一伙还在千方百计地寻找布克和塞缪尔，企图杀人灭口。有一次，布克与阿门人到附近的小镇去，阿门人受到一伙外教人的欺辱，阿门人不能还手，布克见义勇为，用武力教训了那伙人，终于被人认出他不是阿门人，暴露了身份。

保罗带领麦克菲、弗吉来到阿门人的村庄，扣押了雷切尔，布克让塞缪尔到外村去叫阿门人帮忙，自己要驾车逃走报案，汽车发生故障。他不得不赤手空拳与麦克菲和弗吉周旋。他在农庄生活了一段时间，对地理环境熟悉。他把弗吉引到谷仓的阀门下面，打开阀门，大量玉米倾泻而下，淹没了措手不及的弗吉，布克缴获了枪支，开枪打死了麦克菲。保罗抓住雷切尔做人质，强迫布克放下武器，保罗正要对他们下毒手，塞缪尔敲响了村里的大钟，附近的阿门人纷纷赶来。在众人面前，保罗不敢轻易开枪，终于被布克缴枪。这时警察也赶来，带走保罗。布克满怀深情地与雷切尔母子惜别。

这部影片的特点是，它不仅具备惊险片的特征，而且增加了不同文化比较的内容，因此对于犯罪和使用暴力都持批评态度。另外，影片塑造人物比较成功，布克以及雷切尔母子都能给观众留下深刻印象。影片选取一个阿门人孩子的视点，以这个孩子为罪行的目击者，增加了紧张的气氛。在阿门人村庄的一段，光线柔和，影调充满抒情味，与外界的紧张气氛恰成鲜明对比。表面看，这与一般惊险片的造型和影调有所不同，实际上更增添了文化意义，更突出了人性，为惊险片的发展开辟了新路。

这部影片获得1985年度奥斯卡奖的多项提名，很受观众喜爱。

◎《巴顿将军》

《巴顿将军》是一部以真人真事为依据拍摄的电影。但它不是严格意义的人物传记片，而是经过艺术加工的战争题材故事片。它巧妙地把教化功能和

影视博览

艺术性、观赏性结合起来，成为一部成功的好莱坞作品。

《巴顿将军》最为人称道的是影片的开头。这段长达 6 分半钟的巴顿的个人演说，在镜头的精心设计上，堪称经典。首先映入视线的是一面充满整个画面的星条旗，这是美国的象征。一个人从纵深处走来，站定之后，向观众敬礼。镜头切到特写：威武的军装、华贵的勋章、戒指、马

广角镜

好莱坞

"好莱坞"原本是一个地名，是全球最著名的影视娱乐和旅游热门地点，位于美国加利福尼亚州洛杉矶市市区西北郊。现在，"好莱坞"一词往往直接用来指美国加州南部的电影工业。

鞭、象牙把手枪、美国第三军军徽、四星上将。这是一个堪与国旗相配的将军形象：巴顿——美国人心目中的英雄。第一次世界大战期间，他曾率领坦克旅创建过奇功，二战期间又屡建奇勋，成为代表美国精神的将军。巴顿在

巴顿将军

星条旗前左右踱步，发表关于战争与英雄的演说："真的，我实在可怜那些就快要和我们碰头的鬼子们，真的，我们不仅要把他们打死，还要挖出他们的内脏，用它们为坦克的履带加油。纳粹是我们的敌人，要让他们血流成河，个个肝脑涂地！"他嘲笑坚守阵地的做法，认为美国人要永远进攻。他提倡好汉当兵，不要当战争进行时在路易斯安那州铲粪。这些演说是典型的战争动员报告，却不令人反感，因为影片制作者调动各种影视手段制造了使人亲临其境的效果。画面上不设讲坛，也没有听众，而观众所

处的正是听众的位置。这样，观众就变成了听众，接受巴顿的演讲。摄影机的视点恰恰是一个专心致志听讲的观众的视点。同时，景别从特写、中景到全景不断变化，使观众保持观看兴趣。最后，巴顿向观众凝视着离开，一个小小的人影消失。这开头的 6 分半钟展现的巴顿将军的高大形象给观众留下了深刻的印象。

影片基本采用写实的手法，着重表现了战争与人的关系，成功地塑造了有"暴戾军神"之称的巴顿将军。因此，巴顿的独特性格无疑成为构成影片魅力的重要因素。他受过良好的军事训练，是西点军校的高才生，又是美国最富有的将军。他常常用粗话骂人，脾气暴烈，喜欢打硬仗，用他自己的话说就是"美国人一向是爱斗的"，"美国人爱胜利者"。他酷爱战争，是一个典型的战争动物，是没有战争就无法生存的人。他对布莱德雷将军说："一个职业军人应该死在最后战争的最后一仗里，被最后一颗子弹打中。"这是一种诗意的表达。而书生意气恰恰是巴顿不同于一般军事将领的一个重要特征。从本质来说，巴顿是一个性情中人，是书生意气与将军本色的天然合体。巴顿的古典气质和书生意气他在美军墓地和参谋一起漫步的一段中有明显的表达。远景中，巴顿和参谋立在沙漠里，背后是两行脚印；切到近景，巴顿谈起他想和"混蛋天才"隆美尔像古代骑士一样单独决斗："隆美尔和我各乘坦克，相隔 20 步停下，出来握握手，再进坦克进行战斗，就我们俩。这次战斗决定战争的胜负。"参谋笑着说他的想法已经不时兴了，因为这已是 20 世纪。巴顿感慨地说："天哪，我真恨 20 世纪！"

影片中用手枪打飞机的情节也显示了他的这种个人英雄气质。盟军飞机掩护跟不上，制空权被德国人控制，巴顿一人冲出司令部，用手枪向飞机开火。仰角拍摄的巴顿将军正面立着，向天上敌机喊："打吧，混蛋，对准我的鼻子打！"这时，盟军官员在二楼阳台上叫他："快回来，乔治，我们需要一个司令官，不是一个伤员。"巴顿不理会，举枪向飞机射击。这时片中插入腿的特写，巴顿两只穿皮靴的脚占据了整个画面，透过画面上的腿，敌机正飞

影视博览

过。接着一个中景，巴顿向飞机射击，摇镜头跟了一周。当然，他不可能打到飞机，但他的英雄气质却表现得淋漓尽致。

为了塑造性格鲜明的巴顿形象，影片采用了对比手法。与巴顿不同，布莱德雷和蒙哥马利是另外类型的将军。布莱德雷是一个理性的将军，正如他自己对巴顿所说的："我打仗是因为他们训练我打仗，你打仗是因为你爱打仗。"他老成持重，斯文，有政治头脑，没有诗意，却更善于协调关系，做了集团军司令。事实也证明，他被授予五星上将，

广角镜

五星上将

五星上将是美国特有军衔，正式设立于1944年12月，由美国国会批准。五星上将肩章上镶有五颗星徽，相当于西方其他国家的元帅军衔。五星上将的晋升基本条件是必须担任过盟军战区指挥官职务。美国国会规定，美军的五星上将军衔只在战时授予，且终生不退役。

而巴顿却只是四星上将。蒙哥马利在影片中被丑化以衬托巴顿。巴顿走路、敬礼的动作严正规范，而蒙哥马利走路摇摇晃晃，敬礼五指分开，毫无大将风范。然而，战争结束后，蒙哥马利得到了女王的接见，成为英国下任帝国军队的参谋长，而巴顿却因失言被解除军职，离开他视为生命的军队。布莱德雷和蒙哥马利在性格和命运上与巴顿的对比恰好使巴顿的性格更为突出。

影片不仅正面描写巴顿，还利用德军的反应来强化巴顿的形象，因而更有说服力。史其格尔上尉向隆美尔汇报情况既是德军的实际需要，又避免了正面叙述，突出了巴顿的性格特征："他爱写诗，提倡死而复生，他祈祷虔诚，又会用下流话骂人。他的格言是永远进攻，决不退缩。"这恰恰从侧面突出了巴顿将军的形象。

◎《现代启示录》

《现代启示录》是美国反映侵越战争的一系列影片中最成功的一部。

这部影片采用了英国作家约瑟夫·康拉德最著名的小说《黑暗的心灵》的框架。原小说是讲一位青年船长去刚果做生意，并奉公司之命去害该公司驻刚果分公司的代理人库尔茨。船长到刚果后理解了库尔茨，没有杀他，把他带到英国。影片根据这部小说改编为：美国侵越部队的特种部队上尉威拉德奉上级命令去暗杀一个美国上校库尔茨。库尔茨在越南战争中精神失常，成为当地土著部落的领袖，因不听从美军调遣，而且有损美国声誉，必须除掉。威拉德带领 4 名士兵乘一艘巡逻艇从西贡出发，沿湄公河上溯。影片从威拉德的视角展示了侵越美军的一系列暴行。

作为战争片，这部影片有一些独特之处。

首先影片构思巧妙，整体设计新颖而完整。影片中的湄公河象征人类历史发展长河。当威拉德一伙沿河上溯时，看到并参与了一系列暴行，他们的人性越来越少，兽性越来越多，等到他们找到库尔茨时，已变得比库尔茨更凶残。这意味着战争使人类退化。这种意图也许不易理解，但是毕竟谴责了战争对人性的扭曲，表现了编导反对侵略战争、渴望和平的愿望。这种对侵越战争的反思，也推动了美国国内的反越战的运动。

影视博览

拓展阅读

超现实主义

超现实主义是开始于法国的文学艺术流派，于 1920—1930 年间盛行于欧洲文学及艺术界中。超现实主义的主要特征，是以所谓"超现实"、"超理智"的梦境、幻觉等作为艺术创作的源泉，认为只有这种超越现实的"无意识"世界才能摆脱一切束缚，最真实地显示客观事实的真面目。超现实主义对视觉艺术影响深远。

　　其次，影片采用从现实主义逐渐向超现实主义过渡的创作方法，从揭露现实发展到探求哲理，衔接自然流畅、浑然一体。在用现实主义手法描绘战争时善于选择典型的人物和事件。例如，威拉德遇上一位美军中校，名叫基戈尔，他好战成癖，以杀人为乐趣。他一边乘直升飞机对越南平民狂轰滥炸，一面用大功率扩音器播放瓦格纳的音乐，感到特别兴奋快乐。他为了在战争进行的时候安全地欣赏士兵冲浪，派飞机把海边的丛林烧成一片火海，他说自己最喜欢闻凝固汽油弹爆炸燃烧的气味，可见他已变成杀人魔王和战争疯子。这是美国好战的上层军官的典型。最开始威拉德对基戈尔这种人感到不可理解，但是，随着他们越来越深地陷入战争泥潭，自己也越来越残忍。有一次遇到一只小船，在检查时，并没有发现什么异常情况，忽然一只小狗动了一下，他们惊慌失措，开枪猛烈扫射，打死多人，真是风声鹤唳，草木皆兵。有的士兵对自己的暴行深感内疚，要给受伤的越南妇女包扎，一向温文尔雅的威拉德竟然开枪打死她。他们自己生活在恐惧之中，整日酗酒吸毒，无可救药。最后威拉德找到了库尔茨，终于明白，是这种侵略战争把他逼疯了。他杀死了库尔茨，土人们拥戴他为领袖，他陷入矛盾之中。最后这段已不是写实主义风格了，带有鲜明的超现实主义成分。这也许不能恰当地解释侵略战争的本质，但是编导严肃认真的积极探求真理的态度是值得赞许的。观众跟随威拉德走进越南丛林，也仿佛经历了这场荒诞、恐怖、灭绝人性的战争，自然会反对战争。编导曾希望把这部影片拍成一部没有政治口号的政治片，显然他们达到了预期的目的。

　　这部影片技巧运用别出心裁。特别是摄影和音乐成功地渲染了战争气氛，有极强的艺术感染力。如拍摄直升飞机一面轰炸一面放音乐时，摄影角度变化灵活，音响震撼人心，二者综合，形成强烈的视听效果，恰如其分地表现出美军的疯狂。在拍摄歌舞明星劳军一场时，强烈的聚光灯柱不断横扫，数千名美军官兵骚动不安，不仅与一般美国歌舞片的华丽场面截然不同，而且与周围阴沉黑暗的丛林形成鲜明对比；美军官兵兽性大发，劳军女郎仓皇乘直升飞机逃跑，拍得有声有色，惊心动魄，仿佛到了世界末日。特别是最后一部分，库尔茨始终处于黑暗之中，强烈的以阴暗为主调的画面造型突出了神秘莫测的气氛，也暗示出库尔茨的阴暗心理。这些都已成为战争片的著名段落。这部影片获得第52届奥斯卡奖中的"最佳摄影"和"最佳音响效果"两项金像奖。

◎《原野奇侠》

这部影片被称为美国经典西部片的杰作。

故事情节是：主人公谢因是一位浪迹天涯的游侠一类的人物，他来到西部一个美丽的山谷，向农民乔要水喝。此时，大牧场主里克尔要兼并山谷里所有农民的土地，开辟牧场，把农民赶走。谢因带枪出现，赶走了里克尔派来的人，留在乔家当了帮工。

谢因到镇上买东西时，受到里克尔手下人的污辱，他不愿引起格斗，忍气吞声离开。此时，一伙受里克尔逼迫驱赶的农民要联合起来找里克尔算账，他们指责谢因胆小怕事，谢因未加辩解。当谢因再次到镇上买东西时，又受到污辱，他忍无可忍，毅然反抗，打倒了里克尔手下的打手克里斯。里克尔想收买谢因，遭到断然拒绝。里克尔的打手一拥而上，乔赶来帮助谢因，他们打败了里克尔的打手。

里克尔请来一位职业枪手威尔逊，他来以后就打死一位无辜农民，强迫农民迁走。农民屈服于暴力，纷纷准备搬家。乔准备去和里克尔决一胜负，

拓展阅读

西部片

西部片又称作牛仔片，以开拓时期的美国西部为故事的背景，多描写白人向西部拓展疆土、掠夺屠杀印第安人，以及当时各种势力之间的斗争。影片多取材于西部文学和民间传说，并将文学语言的想象幅度与电影画面的幻觉幅度结合起来，属于好莱坞电影特殊的类型片。

影视博览

里克尔手下的克里斯不满里克尔的倒行逆施，向谢因揭发了里克尔，说他们已设下圈套，准备暗算乔。乔的妻子玛丽安请求谢因劝说乔不要去送死，谢因劝阻无效，只好把乔打伤，他代替乔去见里克尔。其实，谢因与玛丽安之间已产生了微妙的感情，他割舍了这种儿女之情。来到镇上，谢因凭借高超本领，打死威尔逊和另外两个枪手，自己也受了轻伤。里克尔不敢再赶农民，而谢因纵马离开了平静的山谷，消失在深山中。

《原野奇侠》片中男一号

这部影片像经典西部片一样，表现了善与恶的对立、强暴与弱小的对立、野蛮与文明的对立。但是谢因的形象塑造比较成功，采取欲扬先抑的手法，让他在暴力面前一忍再忍，后发制人。另外表现了他的感情，特别是对女主人公的朦胧的恋情，这在西部片中是不多见的。

在视觉形象方面，导演巧妙地利用巍峨壮观的山脉。每当谢因出现，就把这些山作为他的背景，以此象征谢因的强健和有正义感。

影片的一些细节安排比较巧妙。谢因刚来山谷时，不想暴露自己是一位高明的枪手，但是，当他一听到有响动时，习惯性地快速拔枪，这一细节恰恰使观众明白，他是一位功夫不凡的枪手。

◎《魂断蓝桥》

《魂断蓝桥》作为电影史上三大凄美不朽爱情影片之一，是一部荡气回肠的爱情经典之作，内容虽有些传奇化，但文艺气息浓厚，具有很强的催泪效果。

一辆军车停在了滑铁卢桥上，英军上校罗依·克劳宁从车上走下。他从口袋里拿出一个象牙雕的吉祥符，独自凭栏凝视，20年前的一段恋情如在眼前……

1917年，第一次世界大战期间，英国伦敦空袭警报响了，街上的人们慌乱地跑向防空洞。一群年轻姑娘在滑铁卢桥上飞跑。忽然，其中一个姑娘的提包

拓展阅读

爱情片

爱情片是以表现爱情为核心，并以男女主人公在爱情发生的过程中克服误会、曲折和坎坷等阻力为叙事线索，最终达到理想的大团圆结局或悲剧性离散结局的类型电影。

影视博览

被碰掉了，东西撒了一地。她停下来捡，眼看就要被飞驰的马车撞上。年轻的上尉军官罗依·克劳宁也在滑铁卢桥上奔跑，他及时拉了姑娘一把，使她躲过了马车。罗依为姑娘捡起散落在地上的东西，其中就有那个象牙吉祥符，是姑娘的珍爱之物。姑娘找不到同伴了，罗依拉着姑娘的手跑进挤满人群的地下铁道。在嘈杂的人群中，罗依与姑娘交谈起来。姑娘名叫玛拉，是一位芭蕾舞女演员，玛拉对这个风流倜傥的年轻军官一见如故，向他谈论起自己钟爱的舞蹈。罗依则告诉姑娘他是来英国度假的，假期已满，明天将赴法国前线。警报解除，罗依为玛拉叫车赶往剧院演出，自己则去赴上司的一个无法推辞的宴会。临走时，玛拉将心爱的吉祥符送给了罗依："愿它能给你带来运气。"罗依已深深爱上了这个端庄秀丽而天真的姑娘，望着玛拉远去，他若有所失。

罗依终于没有去赴上司的宴会，他赶去观看玛拉演出的《天鹅湖》。散场后，他向后台递了一张条，邀请玛拉共进晚餐。纸条被剧院经理笛尔娃夫人没收了，她严厉地训斥了玛拉。玛拉背着经理来到烛光俱乐部。大厅内，罗依向玛拉倾吐爱意，在《一路平安》的华尔兹舞曲中两人翩翩起舞。随着每

《魂断蓝桥》剧照

一声部的演奏完毕，蜡烛一支支熄灭，曲终，大厅沉浸在一片黑暗中。罗依与玛拉含情相望，拥抱长吻。

翌日上午，窗外下着淅沥的小雨，玛拉在宿舍凭窗而望，挂念着英吉利海峡上的罗依。突然，她意外地发现罗依出现在雨中。原来因海上有水雷，罗依的部队推迟两天出发。罗依向玛拉求婚，玛拉幸福地答应了。出身贵族的兰特谢军团军官结婚需获得公爵的认可。罗依给玛拉买了结婚戒指之后赶到了公爵的住处。虽然玛拉出身平民，开明的公爵还是同意了罗依的申请。罗依带着玛拉风风火火地办好其他必要的手续，赶到教堂。可是，他们来晚了，依照法律，下午

3点钟后不能举行婚礼。罗依与牧师约定，明天11点准时再来。

当天傍晚，罗依被召回军营，即将当新娘的玛拉，沉浸在突如其来的幸福之中。就在她准备与女友们去剧场演出时，接到罗依的电话：部队要提前开拔，20分钟后出发。玛拉不顾一切地赶到滑铁卢车站，火车已经启动。

玛拉由于执意要去车站为罗依送行而耽误了当晚的演出，笛尔娃夫人大发雷霆，她不能容忍演员们有芭蕾舞以外的世界，她要开除玛拉。她的好友凯蒂也因替她仗义执言而遭同样命运。两人失业了，一起搬到了一处廉价公寓，相依为命。

细心的罗依写信让母亲同玛拉见面以便照顾玛拉。但就在玛拉于餐厅等候其母时，无意中从报纸上看到了罗依的名字赫然登在阵亡名单中。此时罗

依的母亲来到她面前，尽管这位贵夫人非常和蔼可亲，但此时的玛拉已情绪混乱，言语无礼，不知所云……

绝望的玛拉承受不了这巨大的打击，一病不起。凯蒂为了支付生活费和玛拉的医药费被迫当了妓女。大病初愈的玛拉发现了真相，她万分感激凯蒂的友情。罗依死了，对她来说，这个世界什么都不重要了，她不能让凯蒂一人负担两个人的生活。痊愈后，为了维持生活，玛拉也沦为街头应召女郎。

《魂断蓝桥》男女主角

滑铁卢车站。已沦为妓女的玛拉浓妆艳抹，闪动着媚眼，招徕走过身边的官兵。没人理睬她，人们都在匆忙赶路，寻找着前来迎接的亲人。突然，她呆住了：一个熟悉的身影朝他走来，是罗依，他并没有死，他回来了！见到玛拉，罗伊兴奋得不能自持，玛拉百感交集，号啕大哭。

在一家餐厅，罗依兴奋地向玛拉叙述死里逃生的经过：他受伤失去了证件，当过德国人的战俘，差点丧命但终于逃脱了。玛拉静静地听着……当罗依问及她的生活时，玛拉无言以对，只是反反复复说："要是我知道你还活着就好了。"经历了生离死别的罗依不愿再离开玛拉一步，他马上打电话给母亲，告诉她自己要带玛拉回家结婚。玛拉痛苦地回绝了罗依。罗依确信玛拉并未移情别恋后，不容分说，把她带往家乡。

路上，玛拉偎依在罗依的身旁，观赏着苏格兰的田园风光，静听着罗依介绍着自己的家园和今后的打算，一种美好的愿望在心中升起。罗依的信任和钟情，给她带来一丝希望，她知道自己的心灵仍是玉洁冰清的，她想伺机说明一切，重新开始生活。

苏格兰克劳宁家。克劳宁夫人高兴地迎接他们。晚上，舞会大厅灯火辉煌，玛拉优美的舞姿最引人注目。坐席中的贵妇人们却在窃窃私语，她们对克劳宁家将要娶一位舞蹈演员颇有微词。公爵也来参加舞会，他慈爱地邀请玛拉跳舞，交谈中，他赞扬玛拉的善良与忠诚，又告知玛拉，克劳宁家族一向重视门第，对玛拉是一个例外。刚刚平静的玛拉又陷入忐忑不安之中。

深夜，玛拉在卧室里不安地徘徊。克劳宁夫人敲门进来，她请玛拉原谅在伦敦会面时的误会，并对儿子的婚姻表示满意，她赞扬玛拉是一个十全十美的人。夫人走了，玛拉意识到过去的经历是不会被上流社会的人们所谅解的，她不愿再维持假象。玛拉奔向夫人卧室，声泪俱下地说明真相，表示要永远离开罗依。夫人没有挽留她，并答应不把真相告诉罗依。从夫人屋里出来，玛拉碰见幸福得无法入睡的罗依。罗依没有注意到玛拉的反常，他充满爱意地将护身符交还给玛拉保管。玛拉凄婉地向罗依道别。

玛拉留下一封道别信，感谢他的爱，然后离开了克劳宁家。罗依追到伦敦，找到凯蒂，凯蒂向他说明了一切。罗依悲痛地说："我要永远找她。"他们找遍了各个可能的地方，都不见玛拉。罗依忽然想到初次相见的滑铁卢桥，他拉住凯蒂不顾一切地向那里跑去。

这时，玛拉正在滑铁卢桥上。一队军用卡车隆隆开来，玛拉毫无畏惧地向一辆辆飞驰的军车走去，苍白的脸在车灯的照射下美丽而圣洁。在群众的惊叫声、卡车的刹车声中，玛拉结束了生命，手提包和一只象牙吉祥符散落在地上。

这是一部俊男美女演绎的经典爱情悲剧电影，是英国女演员费雯·丽继《乱世佳人》后的又一部作品，巩固了她在影坛的地位。这部改编自话剧的影片曾于1931年拍过，但名气远不如1940年版，但也有人认为1931年版更真实，因为当时还没有电影检查制度。1956 年重拍，改名为《盖比》（Gaby），莱斯莉·卡隆主演，远逊于原版。

《魂断蓝桥》在欧美是一部非常普通的影片，上映后的几十年里很少被人提及。但在中国，这部影片却成为影迷心目中至尊无上的爱情经典，久映不衰。而片中根据苏格兰民歌《友谊地久天长》改编的主题音乐也堪称典范，流传至今。

拓展阅读

《乱世佳人》

《乱世佳人》是有史以来最经典的爱情巨著之一，同名影片亦成为电影史上"不可逾越"的最著名的爱情片经典。影片以美国南北战争为背景，细腻地描写了庄园主小姐斯嘉丽与两个男人之间的爱情故事，与之相伴的还有社会、历史的重大变迁……

影视博览

◎《第一滴血》

《第一滴血》是 1982 年美国拍摄的一部越战主题电影。由动作片明星西尔维斯特·史泰龙主演，导演为特德·科特切夫，根据 1972 年大卫·莫勒尔的同名小说改编而成。

约翰·兰博是一名从越南战场归来的退役侦察兵，回国后，他想寻找以前的战友，结果却发现战友因为接触橙剂致癌而早已去世。对于没有亲人没有家庭的兰博来说，战友的去世让他十分寂寞和消沉。当他漫无目的地在公路上徘徊时，当地的警察前来盘问。他回答说自己正打算去市区找一家餐馆，但是警察将他带到城外，他因此反抗性地走向城内。于是，维护地区治安的警察便以此把兰博带回了警局。当时美国社会对于越战老兵非常歧视，这两个警察的行为也正是这种社会风气的写照。

回到警局后，警察们开始对他进行侮辱式的查问。兰博所受到的屈辱让他回忆起在越南战场被越南人残酷拷打逼问的场面，于是他奋起反抗，打倒

《第一滴血》海报

了数名警察，抢走摩托车逃入了市郊的树林中。警察们计划搜捕兰博，他们通过调查，才知道这个"逃犯"不是一名普通的退役兵，他曾经是特种部队的成员之一，是一名破坏力极大的危险人物。

最后，兰博通过在战争中掌握的生存技能和作战手法，将警察打得一败涂地。影片最后，他手持 M60 机枪单枪匹马回到了小镇上，并占领了警察局，把警察局局长打得重伤。但是，在他的旧长官杜文劝他投降的时候，一直沉默无语的兰博终于喊出了越战老兵对于社会的不满和痛苦。

在作品中，兰博对于遵从国家的政策参与战争的同胞发出了体察世态炎凉后的感慨："打仗的时候，上百万美元的武器我都用过，回到美国我居然连停车场的工作都保不住。"兰博的控诉使这部影片脱离了单纯的动作片模式，以独特的视角揭示了越战造成的创伤，发人深省。

◎《乱世佳人》

《乱世佳人》是好莱坞影史上最值得骄傲的一部旷世巨片，影片放映时间长达 4 小时，观者如潮。其魅力贯穿整个 20 世纪，因此有好莱坞"第一巨片"之称。影片当年耗资 400 多万美元，历时 3 年半完成，其间数换导演，银幕上出现了 60 多位主要演员和 9000 多名配角演员。在 1939 年的第 12 届奥斯卡奖评选中一举夺得 8 项金像奖，轰动美国影坛。这部耗资巨大、场景豪

华、战争场面宏大逼真的历史巨片，以它令人称道的艺术成就成为美国电影史上一部经典作品，令人百看不厌。

广角镜

奥斯卡奖

奥斯卡奖就是学院奖，由电影艺术与科学学院颁发。奥斯卡奖于 1928 年设立，每年在美国的好莱坞举行一次。奥斯卡奖一直享有盛誉。它不仅反映美国电影艺术的发展进程，而且对世界许多国家的电影艺术有着不可忽视的影响。

1861 年南北战争爆发前夕，塔拉庄园的千金小姐斯嘉丽爱上了另一庄园的庄园主的儿子艾希礼，但艾希礼却选择了自己的表妹——温柔善良的玫兰妮为终身伴侣。斯嘉丽出于妒恨，抢先嫁给了玫兰妮的哥哥查尔斯。不久，美国南北战争爆发了。艾希礼和查尔斯应征上了前线。查尔斯很快就在战争中死去了。斯嘉丽成了寡妇，但她内心却一直热恋着艾希礼。

一天，在一次举行义卖的舞会上，斯嘉丽和风度翩翩的商人瑞特相识。瑞特开始追求斯嘉丽，但遭到她的拒绝。斯嘉丽一心只想着去追求艾希礼，结果也遭到拒绝。

在战争中，美国南方军遭到失败，亚特兰大城里挤满了伤兵。斯嘉丽和表妹玫兰妮自愿加入护士行列照顾伤兵。目睹战乱带来的惨状，任性的斯嘉丽成熟了不少。这时，从前线传来消息，北方军快打过来了，不少人家惊惶地开始逃离家园，而斯嘉丽的母亲和两个妹妹也患病

《乱世佳人》海报

了，斯嘉丽十分想要回去塔拉庄园，回到敬爱的母亲身边。不巧玫兰妮要生孩子了，斯嘉丽只好留下来照顾她。

在北方军大军压境之日，斯嘉丽哀求瑞特帮忙护送她和刚生下孩子的玫兰妮回塔拉庄园。瑞特告诉斯嘉丽他不能目睹南方军溃败而不去助一臂之力，他要参加南方军作战，他留下一把手枪并和斯嘉丽拥吻告别。斯嘉丽只好独自勇敢地驾驶马车回到塔拉庄园，这时家里已被北方军士兵洗劫一空，母亲已在她回到家的前一天病逝，而父亲因为受到太大打击而精神错乱。

不久，战争结束了，但生活依然困苦。北方来的统治者要庄园主缴纳重税，斯嘉丽在绝望中去亚特兰大城找瑞特借钱，但得知他已被关进监狱。归来的途中，斯嘉丽遇上了本来要迎娶她妹妹的暴发户弗兰克，为了重振破产的家业，她骗取弗兰克和自己结了婚。

斯嘉丽在弗兰克经营的木材厂非法雇用囚犯，并和北方来的商人大做生意。此时，瑞特因用钱贿赂而恢复了自由。两人偶然碰面，再次展开爱恨交织的关系。

弗兰克和艾希礼因加入了反政府的秘密组织，在一次集会时遭北方军包围，弗兰克中弹死亡，艾希礼负伤逃亡，在瑞特的帮助下回到玫兰妮身边。斯嘉丽再次成为寡妇。此时，瑞特前来向她求婚，她终于与一直爱她的搞私运军火和粮食致富的瑞特结了婚。婚后，夫妻二人住在亚特兰大的豪华大宅。一年后，女儿邦妮出生，瑞特把全部感情投注到邦妮身上。斯嘉丽偶然翻阅艾希礼的照片被瑞特发现，终于导致了二人感情的破裂。其后，在艾希礼的生日会前夕，斯嘉丽与艾希礼相见时热情的拥抱引起旁人非议，但玫兰妮不相信他们之间有暧昧关系。瑞特可不这样想。

当斯嘉丽告诉瑞特她已经再次怀孕时，瑞特怀疑地问那是谁的孩子。斯嘉丽在羞怒之下欲打瑞特，却不慎滚下楼梯引起流产。瑞特感到内疚，决心同斯嘉丽言归于好，不料就在他俩谈话时，小女儿邦妮意外坠马摔死了。与此同时，不幸的事也在另一个家庭里发生，玫兰妮终因操劳过度卧病不起。

临终前，她把自己的丈夫艾希礼和儿子托付给斯嘉丽，但要求她保守这个秘密。斯嘉丽不顾一切扑向艾希礼的怀中，紧紧拥抱住他，站在一旁的瑞特无法再忍受下去，转身离去。面对伤心欲绝毫无反应的艾希礼，斯嘉丽终于明白，她爱的艾希礼其实是不存在的，她真正需要的是瑞特。

当斯嘉丽赶回家里告诉瑞特，她是真正爱他的时候，瑞特已不再相信她。他决心离开斯嘉丽，返回老家去寻找美好的事物。被遗弃的斯嘉丽站在浓雾弥漫的院中，想起了父亲曾经对她说过的一句话："世界上唯有土地与明天同在。"她决定守在她的土地上重新创造新的生活，她期盼着美好的明天的到来。

本片在第 12 届奥斯卡金像奖中荣获 8 项大奖：最佳影片奖、最佳艺术指导奖、最佳编剧奖、最佳导演奖、最佳摄影奖、最佳女主角奖、最佳女配角奖和最佳剪辑奖。

影视博览

◎《外星人》

《外星人》是美国 1982 年摄制的科学幻想片，受到各国观众的欢迎，成为电影史上上座率空前的影片。

这部影片情节独特：一个外星球的飞船在地球着陆后，匆匆离去，无意中留下一个小外星人。外星人被美国一个小男孩埃利奥特发现，带回家藏起来。外星人与小男孩建立了友谊，但是他想回家，埃利奥特设法帮助他。美国当局千方百计找到外星人，对它进行研究。外星人生命垂危，埃利奥特和小伙伴们把他救出来，送他上了外星人的飞船。

这部影片与一般的科学幻想片不同之处是：它虽然也描写了人类与外星人的关系，但是没有出现星际战争，只表现了一个孤立无援的弱小的外星人在地球上的遭遇，构思新奇，没有怪异恐怖色彩，易于被人接受。

这部影片富于哲理，它告诉人们：人类在与外星人的交往中，应有人道主义精神，爱护和帮助处于危难之际的生命，不要冷酷无情地把他们仅仅当作科学研究的对象。这比那种宣扬外星人是毁灭人类的仇敌的影片要高明多了。影片告诫人们：对人类的真正威胁不是来自外星人，而是来自人类自己。人类应该多一点人道主义，多一点爱心。

　　这部影片充满了儿童的情趣。由于儿童天真、诚恳、善良，因而比成人更容易与外星人心灵相通。这不仅能打动亿万儿童观众，而且能使成人回忆起自己的童年，勾起未泯的童心。

　　影片的艺术造型非常成功。外星人的造型是：个子矮小，与五六岁儿童差不多高，头像青蛙，眼睛特别大。他们神采奕奕，脖子细长，伸缩自如，皮肤粗糙，有双手双脚，能像人一样直立行走，手与人相近，五指灵活，肚子浑圆，五官表情不很丰

拓展阅读

科学幻想片

　　科学幻想片是以现实生活和科学现状为基础，对科学的发展进行想象或幻想的一种影片。科幻片一般都运用想象和幻想，对理想的未来加以乌托邦式的生动描写，因此往往情节曲折复杂，场面惊险离奇。内容注重科学性、知识性和趣味性，有助于活跃人们思想，促进科学发展。一般通过想象丰富、惊心动魄的故事情节展现某种科学奇迹。

富，但是能清楚地表达感情。由于他更像人，更像儿童，而不像怪兽、妖怪或机器人，因此很容易获得观众的同情。

　　影片洋溢着喜剧性和幽默感。外星人由于不了解人类文明而闹了不少笑话。例如，他偷喝了过量的酒，酩酊大醉。观众看到外星人笨拙地出洋相而发出善意的笑。这也使人们有机会从一个陌生的角度去重新审视习已为常的生活。影片也增强了趣味性。

　　创作科学幻想片需要有想象力。编导在这部影片中设计的外星人比人类聪明，并且具备一些特殊的能力。他能使房门自动打开，秋千自动摇摆，在警察围捕孩子们的时候，他能使孩子们连同骑着的自行车凌空而起。但是编

导并没有使外星人成为无所不能、法力无边的超人。编导设计用一盆小红花来表示他的生命力和健康状况，当他患重病时，花就枯萎，当他康复后，花就茂盛。这样孩子们以及观众就可以直观地了解外星人的状况，构思巧妙。编导还把外星人设计得富有感情而又单纯质朴，因此，能与孩子们交流情感。最后，外星人离开地球前与孩子们告别一场，感情真挚。

科学幻想片要求有高超的特技。外星人的造型是这种高科技的产物。其外形由塑料、玻璃纤维、橡胶等做成，实拍时，请过两位侏儒演员和一位残疾（无腿）小男孩分别在里面操纵。另外，曾使用过两个模型，其中一个由电子操纵，可以做出 80 多种表情动作。根据不同剧情需要，分别使用这些外星人，才给人以真实感。

◎《阿甘正传》

影片成功地塑造了主人公阿甘的形象。他智商只有 75，却成为橄榄球星、越战英雄、全国名人、亿万富翁，集名誉、事业、财富于一身，最终还拥有了幸福的家庭。影片为什么要把这样完美的"美国形象先生"定位为一个"弱智"呢？

第二次世界大战后，美国社会长期弥漫着一种强烈的反战情绪，20 世纪60 年代，当美国进入后工业文明时代，人们在享受科技的高速发展带来的物质利益时，又陷入了一种对现代文明的畏惧和恐慌之中。人类生存环境的恶化，人际关系的紧张淡漠，精神价值的沦丧，过度膨胀的理性和智慧带来的是痛苦和灾难。好莱坞从 1994 年起顺应此潮流拍摄了一批贬低现代文明、崇尚低智商和回归原始的影片，如《一对傻瓜》《奈儿》等，美国媒体称之为"反智电影"。《阿甘正传》是这股潮流的集大成者，它以一种"反智倾向"映照着人们返璞归真的期望。

阿甘的"傻劲"感人至深。阿甘全名为福雷斯特·甘普（Forrest Gump）。Forrest 在英语里与 Foolish（愚笨的）谐音。阿甘也自诩"傻人有傻福"。在常

影视博览

123

人眼里，阿甘做的每一件事情都那么不合逻辑，愚不可及。但阿甘自有他的说法："只有干傻事的人才傻。"事实上，阿甘做的每一件事最终都是那么高明，而且有预见性。而他身边一些智者倒显得自作聪明了。片中那位丹纳中尉与阿甘形成颇有意思的对照。丹纳的名字在英语里与 Talent（天才的）谐音。他出身军人世家，行事敏感多虑，第一次与阿甘见面就循循教导他："第一，好好照顾你的脚；第二，不要干傻事，比方说自己找死什么的。"可具有讽刺意味的是，这位智者长官在那次大伏击中不仅失去了双腿，还执意不许阿甘救他，为保全家族荣誉，宁愿无谓地死在战场上，真是聪明反被聪明误。影片中一些细节还暴露了丹纳的行动能力的缺乏和脆弱。从战斗一开始，他既不向敌人开火，又不迅速撤退，只知道抱着电话机，不停地向上级汇报；残疾以后，又自暴自弃、怨天尤人，只会酗酒或坐在轮椅上向政府追讨救济金。然而，阿甘的精神感召着他，他终于加入到"奔跑"当中来，肉体上失去了双腿的丹纳又从阿甘这里获得强健的精神支撑与生命的动力。所以，阿甘的傻，是一种保持孩童般的纯真、心无杂念、宠辱不惊、大智若愚的人生态度。

他的"奔跑"给人留下深刻印象。从影片的剧情来看，"奔跑"是影片中的贯穿行为，也是构筑和推动情节发展的重要因素。在阿甘第一次奔跑这场戏中，不仅采用了低角度、特写镜头真切地展示了脚箍脱落瞬间的状况和阿甘脸上第一次露出的自信的微笑，并且用升格的特技手法和钢制脚箍落地时的音响夸张、强化了当时那令人振奋的一瞬间。这时伴随音乐响起，画面上出现了一组内容相似的平行蒙太奇，阿甘分别从不同的方向奔跑着入画、出画，跑过田野、小桥、公路、街道。这一组蒙太奇中，通过对拍摄主体的前后纵深和左右横向调度与摄影机的摇移升降相结合，形成极强的运动感；与此同时，主题音乐愈来愈高昂、有力、辉煌，声画结合，犹如一部复调式的华彩乐章，把阿甘初获自由的兴奋铺陈渲染得酣畅淋漓。这也预示着阿甘将真正开始他不平凡的人生旅程。"跑"喻示着一种人生状态。笃真执著的阿甘在不断地向前奔跑中，不断地完善着理想的道德境界。

知识小链接

特写镜头

特写镜头是电影艺术的一种手法。采用近距离拍摄的方法，把人或物的局部加以放大、强调，以造成强烈的艺术效果。特写镜头能细微地表现人物面部表情，具有生活中不常见的特殊的视觉感受。

影视博览

阿甘具有一种"巧克力精神"，对未来从不抱任何幻想，而是积极地面对现实。阿甘的充满爱心的母亲有一句名言：生活就像是一盒巧克力，你永远不知道会碰到什么味的。这句话在阿甘一出场就道了出来，它是阿甘生命中的精神支柱和人生信条。尽管不知道人生中将会遇到什么风暴、挫折，是福还是祸，只要尽自己的全力去尝试，把握自己的命运，这就是真正的人生。

在艺术手段上，"场景复现法"可算是片中的一大特色。《阿甘正传》是一部回溯式的影片，时间跨度较大，导演有意识地将不同时期的戏尽可能地放置在同一个场景，甚至在人物调度、机位设置、镜头处理等方面有意地做了十分雷同的安排，让观众在观赏过程中产生一种对某人、某事似曾相识的感觉，营造出轮回交替、时光荏苒、物是人非的历史氛围。阿甘童年时第一次由妈妈送他上学那场戏与影片最后一场阿甘送儿子上学的戏，相同的环境，相似的人物对白和调度（甚至女校车司机都是由同一个演员扮演的），同样的母子（父子）的殷殷关切之情，仿佛让人看到几十年前的故事又重演了，小阿甘就像他父亲当年一样，从这里踏上了他的人生旅程。阿甘的母亲去世与珍妮之死那两场戏的安排也在复现中呈现一种呼应关系，都弥漫着温馨而伤感的气氛。母亲一直教导阿甘如何生存，这次是教他如何面对死亡。她安慰儿子："死亡只是人生的一部分，是每个人要去的终点。"而珍妮去世时，安慰者和被安慰者的位置互换了。阿甘以"你是和我在一起的"一句话，终于把她步入天堂的安息之路装点得宁静而从容。

影片在许多叙事段落多运用长镜头，通过准确娴熟的镜头内部的调度和摄影机的运动，保持了时空的相对完整统一。对历史的原生流动状态做客观的、不加修饰的记录，而不做任意主观的剪切和拼凑，目的是为了营造历史的真实感和现场感。

◎《城南旧事》

《城南旧事》不是通常意义上的故事片，而是一部散文结构的诗化电影。它以主人公英子的视角来观察世界，记录她的所见所闻与心理活动。影片没有一个贯穿首尾的故事，因此，它的核心不是情节，而是情绪。英子交了一个又一个朋友，又一个个离去，离别构成了影片的情绪基调与叙事支点。

知识小链接

故事片

故事片是运用影像和声音手段进行叙事的电影作品。凡是由演员扮演角色、具有一定故事情节、表达一定主题思想的影片都可称为故事片。故事片按题材、风格、样式等因素可分为警匪片、喜剧片、动作片、惊险片、科幻片、歌舞片、哲理片等。

为了塑造一个七八岁的儿童形象，影片大约三分之二的镜头都是英子的主观镜头，凡是英子看不见的就不拍。如英子听秀贞讲她与思康初次相见的一段，全是空镜。画面上只有小院的房子、窗户，只有秀贞讲话的声音，没有音乐和音响。因为英子没见过思康，她无法想象这样的相见。秀贞的爱情回忆、爸爸生病、宋妈和丈夫的相对沉默等活动都发生在英子的视线之内。英子和小偷告别、宋妈流泪两个长镜头也都是英子的主观镜头。正是由于主观镜头的运用，观众对英子的世界和现实世界的对比就更为明确了，更意识到英子世界的美丽与清纯和现实世界的荒谬与丑恶。

从结构上，围绕英子的活动，影片可以分为上下两部分。上半部以秀贞和妞儿为中心，叙述她们的悲惨身世与痛苦生活。善良的英子好心带着妞儿认秀贞为妈，满以为找到了小桂子，结果二人死于非命。下半部以小偷和宋妈的故事为中心，描述了他们不同的不幸遭遇：小偷不想偷，却没有法子；宋妈对英子和弟弟爱如亲生孩子，却只能置自己的孩子于不顾。幼小的英子不懂人世冷暖，善良而稚气地向宋妈发问：为什么你挣的钱要给别人拿去，为什么丫头自己不带，却来我们家做老妈子。她还问爸爸小偷为什么要偷东西，问妈妈她是不是亲生的。英子太小了，她无法理解人世间这些不合理的社会现象。英子的天真、善良与社会的复杂、丑恶形成了鲜明对比。

影片多处运用了重复蒙太奇的艺术手法，把易于散乱的细节串起来，成为一个有机整体。上篇重复井窝子的镜头，冬、春、夏、秋，季节沿着时间之河顺流而下。拉洋片的还在放《洋人大笑》，送水人依旧送水，人们在细碎的日子里生活，英子也在时光的流转中长大；下篇重复学校放学的镜头，春夏秋冬。这种重复镜头机位不变，景别不变，暗示着生活的庸俗与平凡。人们正是在这种琐碎的生活中获得了人生意义。

如果说井窝子和学校放学两个细节的重复意在叙事，那么片中音乐的重复则不仅为了影片结构的完整，更是情感渲染的一种重要手段。影片选用 20 世纪 20 年代流行的《骊歌》作为主题音乐，既符合当时的历史真实，又扣紧了影片的情绪核心——离别。"长亭外，古道边，芳草碧连天。晚风拂柳笛声残，夕阳山

拓展阅读

主题音乐

主题音乐是指能够起到画龙点睛作用的音乐，是电影里经常用到的艺术表现形式之一。一般而言，一部电影只有一首主题音乐，该音乐可以在特定的画面场景反复出现，通常出现在电影的结尾，以起到烘托主题的渲染效果。

外山。天之涯，地之角，知交半零落。一壶浊酒尽余欢，今宵别梦寒。"歌中抒发的离别之情，同影片整体情绪融为一体。

影片在片头、片中、片尾、字幕7次使用了这段音乐，分别以不同乐器、不同方式演奏，回环往复，意蕴悠长。

影片的色彩运用也极为讲究。《城南旧事》是作者的童年回忆，是旧时代的故事，因此，影片以黑、青灰冷色为基调，又点缀中红、白等亮色，营造淳朴、温馨而又感伤的情调。人物的衣着是黑的，墙是青灰，雪是白的，英子的衣服是冷色中的一丝温暖，如橘红的帽子，还有小油鸡、红叶等。给人的整体效果则是旧，旧是底色，宛如一张发黄的、无法重拍的旧相片，而离别是画图，一笔一笔描上去，怀旧、伤感而又美丽。这不仅是作者自己的童年，更是每一个人埋藏在记忆深处的心灵的童年。

◎《围城》

《围城》是根据钱钟书先生的同名小说改编的电视连续剧。电视剧基本上保持了小说的主要情节，描述了方鸿渐从欧洲留学归国还乡的生活历程，展现了抗战时期一部分中国知识分子的精神风貌，成功地塑造了方鸿渐、赵辛楣、苏文纨、李梅亭、高松年等艺术形象。

电视剧《围城》不以戏剧性偶发事件取胜，而是用生活细节揭示人物性格。剧中发生的事件都是生活中可能发生的，而人物形象正是在这些细节中塑造起来的，因此，真实，细腻，丰富。如孙小姐和方鸿渐意外订婚一场戏，共24个镜头，镜头大都是中景和近景，其中4个特写都给了孙柔嘉。方、孙正在谈话，李梅亭和陆子潇左入画，孙用手挽住方的左臂，第5个镜头切入孙柔嘉手的特写，第6个镜头又切回中景。李梅亭说"白天说话还拉着手"。第7个镜头又切入孙柔嘉抽手的特写。第10个镜头是孙柔嘉躲在方鸿渐背后的脸部特写——她不仅没有慌乱，而且还很镇静。第13个镜头是特写——孙柔嘉的脸部，她说："那么，我们告诉李先生……"从

这4个特写镜头可以看出，这场意外订婚是孙柔嘉有意促成的。看到李、陆来了，她装作慌乱用手挽住方鸿渐，当方鸿渐含含糊糊地认可之后，她又乘机说要告诉李梅亭什么——自然是订婚时间。这样，方鸿渐就成了她的未婚夫。赵辛楣说她"煞费苦心"，从这里可见一斑。类似的细节在《围城》里到处可见。

从小说来看，《围城》突出的是讽刺性。在电视剧中保持了这一特征，同时又增加了抒情性。原著里对主要人物大多带有一丝讽刺意味，尤其对曹元朗、高松年、方老太爷、周经理、周太太等人。这在电视剧里依然保留。如孙柔嘉初到方家一场戏共用了22个镜头表现磕头的场面。从祖宗的画像拉开，家人肃立两边。众目睽睽之下，方鸿渐和孙柔嘉向祖宗行礼，方指指地上的垫子，示意孙磕头；但在上海长大的孙柔嘉根本没有磕头的意识，只是向祖宗画像鞠躬。这里插入方老太太期待的特写和方老太太与方老太爷交换目光的特写，表示他们内心的不满。而孩子们公然喊出的"他们为什么不磕头？"和玩闹式地向爷爷、奶奶磕头的动作，突出了孙柔嘉、方鸿渐的难堪，也反映了方家浓厚的封建气息。

但是，对于方鸿渐和唐小姐的爱情故事，电视剧突出了抒情性美学特征，有意从音响和画面做到富有诗意。方鸿渐初见唐小姐是在苏家花园，唐小姐在草坪上跑着跳着，逗一只可爱的小狗，活脱脱一位天真无邪的少女。再次出现他们二人的镜头是在隐约的绿林中，蝴蝶漫飞，青枝叠翠，他们时隐时现，走过草坪。方鸿渐请唐小姐吃饭一场戏中，轻柔的音乐慢慢升起，昏红的蜡烛映照着他们的面容。从蜡烛的特写拉开，唐小姐美丽而富有青春气息的脸在烛光下格外动人。下面的一段对话颇耐人寻味。唐小姐说："也许，一切男人都喜欢在陌生的女人面前浪费。"方鸿渐回答："也许，可是并不在一切陌生的女人面前。"唐问："只在傻女人面前，是不是？"方答："这话我不懂。"唐说："女人不傻，决不因为男人浪费摆阔而对他有好印象——可是，你放心，女人全是傻的，恰好是男人所希望的那样傻，不多不少。"方鸿渐接到三闾大学的聘约时与唐小姐的对话是在网球场上进行的：绿草如茵，唐小姐戴宽边软帽，着学生裙，方鸿渐戴白色鸭舌帽，着白衣，简直是一对童男玉女。打球累了，他们坐在网的两边，透过网看到对方，诉说着情感的溪流。

即使在分别戏中，电视剧也设置了一场诗意的诀别：雨夜，唐小姐听了苏小姐的介绍后决意与方鸿渐断交，她用律师式的严厉盘问方鸿渐，并不许辩解。完了，方鸿渐走时，她突然像往日一样喊了一声："鸿渐！"然而，她马上又冷静下来，祝方鸿渐远行顺利。方鸿渐走出唐家，冒雨而立，痴痴地望着唐家的窗户。唐小姐看见，吩咐佣人去喊回他。但是，方鸿渐抖了抖雨水，走了。雨珠浓密而激烈地打在地上。一个空镜头结束了这段美丽的爱情。

从剧中画面的组织也可以看出创作者的艺术匠心。在第三、四两集中，往往是方鸿渐和唐小姐在一个画面上，而苏小姐则大多是单独占据一个画面。即使在十五赏月一场戏中，明月皎皎，树影婆娑，苏小姐话中饱含着爱意，而方鸿渐欲拒不敢、欲受不甘，心中矛盾重重。在这一组镜头里，方和苏总是不在一个画面上，最后苏小姐让方鸿渐吻她，不得不出现二人在一个画面的镜头，画面上居然用树影把一个人挡住。这显然是以方鸿渐的视点组织的画面。

《围城》小说的一个重要特色是机智而富有哲理性的议论，这在电视剧中势必会减弱，因为语言艺术的这种特征在视听艺术里无法完全复现。但是，电视剧里采用旁白的方式补救了这一艺术特征，为本剧增添了动人的艺术魅力。如赵辛楣宴请苏文纨、方鸿渐一场戏中，褚慎明自言罗素都请他帮着解答问题，大家都惊异，因为罗素是一位世界知名的哲学家。这时旁白说："天知道，慎明并没吹牛，罗素确问过他什么时候到英国、有什么计划、茶里搁几块糖这一类非他自己不能解答的问题。"这就构成了画面与声音的分立，完成了复式表达，较为切合地把原著里的复杂性转化

在电视剧中。

知识小链接

旁 白

在戏剧中，旁白是指戏剧角色背着台上其他剧中人对观众说的话。在电影中，旁白是一种人声运用手法，由画面外的人声对影片的故事情节、人物心理加以叙述、抒情或议论。通过旁白，可以传递更丰富的信息，表达特定的情感，启发观众思考。

无论在人物形象塑造、叙事技巧，还是在画面、声音剪辑，场景设计等方面，《围城》都堪称中国电视剧的精品。

影视博览

戏剧艺术

　　戏剧是以语言、动作、舞蹈、音乐、木偶等形式达到叙事目的的舞台表演艺术的总称。从形式上看，戏剧是由演员扮演角色在舞台上当众表演故事情节的一种综合艺术。戏剧的表演形式可谓丰富多样，常见的表演形式包括话剧、歌剧、舞剧、音乐剧等。现代戏剧涉及到的演出元素繁多，包括演员、舞台、道具、灯光、音效、服装、化妆、剧本等等。

戏剧的艺术特征

◎ 多种艺术的综合体

戏剧除演员表演之外，舞台上还须布置一个和剧情发生的时间、地点相适应的环境，这就要装置布景、配置灯光；戏进行的过程中要有音乐效果来烘托，创造气氛；最重要的是戏剧应当遵从一个剧本，而剧本是剧作家用文学的语言，借戏剧的形式传达出来的对生活的见解。所以，戏剧是演员艺术、造型艺术（美术、雕塑、建筑等）、音乐艺术和文学等的综合体，戏剧正是利用这些艺术成分，在空间与时间上丰富和扩展自己的表现力。

> **拓展阅读**
>
> **剧本的组成**
>
> 剧本主要由台词和舞台指示组成。剧本中的舞台指示是以剧作者的口气来写的叙述性的文字说明，包括对剧情发生的时间、地点的交代，对剧中人物的形象特征、形体动作及内心活动的描述，对场景、气氛的说明，以及对布景、灯光、音响效果等方面的要求。

综合艺术并非戏剧一家，例如歌曲，就是音乐和诗的结合。这种综合一般来说，第一，是同一种属艺术间的综合，音乐和诗都属于时间性的艺术，它们的结合，依然是属于时间艺术的歌曲；第二，它们的结合仍然保持着各自的特性，歌曲在一起可以歌唱，分开来既可以是一首乐曲，也可以是一首诗。

戏剧的综合发生在不同种属的时、空艺术之间。按常规，这两种门类的艺术是无法凑到一起的，绘画和音乐永远不可能合到一块儿，演变为另一种

艺术。俄国音乐家穆索尔斯基有一首乐曲《展览会中的图画》，他将其形式定名为"音画"，他试图让听众看到哈特曼画廊中的一幅幅油画：《蹒跚的侏儒》《波兰的牛车》……但这种效果也是音乐旋律给人们听觉上造成的联想。戏剧之所以可以把属于时间的艺术诸如文学、音乐和属于空间的艺术诸如美术、建筑之类综合起来，其原因在于戏剧的本质要素——

戏剧《茜茜公主》

演员艺术——既是时间的，也是空间的艺术。从表演角度而言，它是转瞬即逝的，从表演者角度而言，他是空间存在的实体。演员艺术在戏剧的综合中起着媒介和融合作用。绘画、音乐、建筑、文学都是以演员艺术为中心结合起来才成为戏剧的成分。绘画、建筑和演员艺术的结合，就为它的表现手段——动作，提供了具体的空间环境。而音乐、文学和演员艺术的结合，则帮助动作在时间上得以展现和伸延。戏剧综合的结果，使得各种艺术相对丧失了它们的个性，都被赋予了戏剧性。观众到剧场来，不是看布景、服装，也不是听朗诵，他们是来看演员对剧情的扮演。离开演员的扮演，以上种种在戏剧中就都失去了价值和意义。因此，为适应戏剧的需要，它们也从质上发生了变化。例如美术已不是单纯的平面上的造型，而是包括布景设计、绘制、装置、灯光、服装、化妆等多种成分的立体构成的舞台美术。文学在戏剧中也不得不摒弃叙述、描写的特长，演变成适于舞台演出的、有着强烈性格色彩和动作性对话的戏剧文学——剧本。

◎ 以动作为主要表现手段

戏剧是叙事性艺术。所谓"叙事"，用通俗的话说就是讲故事。但戏剧中

戏剧艺术

的故事不是用口头的或者书面的语言讲述出来的，而是在舞台上由演员扮演故事中的人物，在类似故事发生的时间和场合——"真实"的环境中，把故事演给观众看。为了让人们相信故事的可信，演起来就得装龙像龙、装虎像虎。故事是怎么发生的，又是怎么结束的，其中的每个人物得到什么结果，——通过演员的表情、行为、手势、语言、态度交代清楚。这种用演员扮人物、演故事的方法，叫作"动作"。所以，戏剧是"动作的艺术"。正是这一特殊的艺术表现方式，戏剧能让故事当着观众的眼前发生。这也就决定了戏剧的本质特征。戏剧——动作的艺术，这是个相当古老的看法。在古希腊，戏剧两个字就是"动作"的意思。著名的学者亚里士多德在《诗学》里说："有人说，这些作品所以称为戏剧，就因为是借人物的动作来摹仿。"戏剧艺术的历史基本上是动作发展的历史。凡是脱离动作，用对话去叙述景物、描写性格、表达思想，这样的戏剧实际上已蜕变为不能搬上舞台的文学作品。中国元代兴盛一时的杂剧在明代的消亡，原因之一就是脱离了舞台，削弱了动作性，变成案头读物。相反，那些以动作为主，插科打诨并不十分注意文学语言，始终受到人民生活的滋养的民间戏剧，却在不断丰富、充实、更新着戏剧艺术形式。因此有人认为，无论对话如何富有装饰性，只要它们不足以推进动作，便毫无价值；也有人主张，即便语言差劲一点，性格不突出，但只要有强烈的动作，仍不失为一出好戏。当然这种说法过于偏激，不过它强调指出的是戏剧性即动作性。

要指明的一点是：我们所说的戏剧本质特征的动作，不是指

拓展阅读

杂　剧

　　杂剧最早见于唐代，意思和汉代的"百戏"差不多，泛指歌舞以外诸如杂技等各种节目。"杂"谓杂多，"百"也是形容多；"戏"和"剧"的意思相仿。到了宋代，"杂剧"逐渐成为一种新的表演形式的专称，包括歌舞、音乐、调笑、杂技。元初，杂剧发展至鼎盛时期。

演员在台上走路、说话、举手投足、行动坐卧的那种动作，而是指剧中的人物为了各自的利害、各自的目的，做出什么决定，采取什么办法，取得什么结果，和自己的对手冲突的那些过程。正是由这些动作构成的戏剧过程，才使得观众认识人物的面貌和性格。比如《茶馆》剧中有个开茶馆的王利发，这个王掌柜逆来顺受，变着法儿想过太平日子，可老是受人欺侮，从清末熬到临解放，实在过不下去，上吊自杀了。王掌柜在戏里的所作所为就是他的"戏剧动作"。我们就是从这些动作中明白了他的脾气秉性。假如一部戏剧中，人物光在台上溜达，要不然不住地说话，看不见他们之间是用什么样的性格和感情展开冲突的，这就是没有动作，这不叫戏。所以，我们在欣赏一部话剧的演出时，判断这个剧的艺术质量高下，首先就要看它是否展示了人物性格。人物性格的呈现，往往是依靠人物用自己独特的方法，去克服横亘在面前的障碍的动作来达到的；障碍越大冲突越尖锐，戏剧动作越强烈，戏就比较吸引人，反之，戏剧性就较弱。

戏剧艺术

◎ 时空的假定性

任何一种艺术在它的表现手段上并不是不受限制的，这种限制主要来自艺术形式规律性的制约，它决定了表现手段对材料的取舍，也在一定程度上决定着这种艺术的特性。

作为舞台演出的戏剧，舞台就是对戏剧动作的限制。艺术是生活的虚构，戏剧虚拟的情节靠戏剧性的对话推动和展开，戏剧中的人物，要由演员富有个性的动作来扮演。戏剧只有面对观众时，它才成为一件赏心悦目的艺术品。这就要求提供一个可以展现戏剧生活的空间和让观众欣赏的场所，舞台和剧场就成了戏剧表现形式不可或缺的条件。然而把戏剧搬上舞台，空间的容量十分狭窄，最大的不过一二百平方米。戏剧所要反映的生活却十分广阔，升天入地，纵横万里。把这样丰富的生活画卷约束在一个狭小的空间，不能不对戏剧产生极大的限制。

　　一部戏剧的演出时间，最长不过两三个小时，超过这个时间限度，也就超过了观众坐在那儿观看的耐力，他们就会感到厌烦，再精彩的场面和表演也将失去魅力。可是戏剧要反映一个生活事件的完整过程，有的长达十几年、几十年。戏剧在舞台上实际演出的时间和戏剧企图表现的生活进程的时间的差距，就是时间对戏剧的限制。

　　时空对戏剧的限制，在镜框式舞台上表现得最为明显。观众面对的是被称为"第四堵墙"的一面，这就意味着舞台不过是四堵墙中的小小天地而已。戏剧家们为了突破"四堵墙"的局限，做了种种努力，所谓伸出式舞台、环形舞台，或者采用日本歌舞伎"花道"的形式，演员

拓展阅读

西方戏剧的诞生

　　西方戏剧的曙光，普遍认为是古希腊悲剧，古希腊悲剧都是诗剧，严谨古雅、庄重大气。表演时有歌队伴唱。

由观众席中上下场，以及用灯光把舞台切割成不同的时空区域，目的都是为了突破时空对戏剧的限制，扩大戏剧再现生活的能力。然而突破限制的努力是相对的，制约却是绝对的。没有舞台时间和空间对戏剧的制约，戏剧也将丧失了它的艺术特点，等于取消了戏剧艺术。

　　戏剧必须受时间和空间的限制，但是，舞台在限制之外还有一种魔幻作用。不论是金碧辉煌挂着丝绒大幕的，还是临时由木板搭就的，抑或是广场剧、街头剧演出时由观众在平地围起来的圈子，都具有同样的意义——让观众看正在发生的事情的一个区域。这个区域和观众保持着一定的距离，它起到一种把戏剧和现实隔断的作用。这个区域对戏剧、对观众都是两重空间，一重是物理的空间，一重是心理的空间。物理的空间是指供演出的实际空间，这里的一切都是假的："墙"是用布搭的，"山"是画出来的；漂亮的小伙子脱去假发，原来是个谢顶的老头；龙钟的老妇，抹去油彩却是个美丽的少女；

刚刚"死去"的人到剧终时又跑出来"活"着谢幕。心理的空间是指观众明明知道这个区域里所发生的一切都是戏，却心甘情愿地接受，满怀兴趣地相信，因为它通过形象在观众心里造成一种联想。观众随着剧情的发展，精神完全进入剧中人的感情和生活的世界。这个实际存在的物理空间在观众心理上产生质的变化，成为一种虚幻的真实的空间。这时他相信一切都是"真"的，连在剧场实际度过的时间，在这一心理空间中也具有了心理上的价值——极大的流动性，因为随着心理空间的迁换，时间也在幻觉中得到发展，两三个小时的演出时间，在观众心理上"绵延"了无数倍。这就是戏剧艺术的特性之一——假定性。

戏剧演出形式的实际时空和戏剧内容所要表现的心理时空的矛盾，就对立统一在假定性中。这种艺术特性——戏剧中那些假定的情境里的假定的人物，他们假定的命运，使观众看到自己在生活中似曾相识的人和情，感受到曾经体验过的感情和尚未体验过的感情，享受到人生的乐趣以及失败的痛苦，抑或是胜利的骄傲，得到精神上的极大满足。

总括起来，戏剧的表现形式是这样的：在实际的空间，通过假定性的戏剧动作，诉诸观众的想象，引起他们富有生活真实的联想，达到艺术的真实。俗话说，"演戏是真真假假，假假真真"，假定性就是戏剧把生活真实和艺术真实统一起来的美学手段。戏剧的时空是不甚合理的，然而是合情的；戏剧的时间是有限的，然而相对来说又是可以充分扩展的。假定性就是戏剧矛盾对立统一的一定条件。

戏剧作品欣赏

◎《俄狄浦斯》

《俄狄浦斯》是古希腊索福克勒斯的代表作之一。

俄狄浦斯是希腊传说中忒拜城的王子，出生时算命得知，他将来要杀父娶母，国王、王后遂命牧羊人将婴儿弃置荒野。不料牧羊人将他送给了邻国科任托斯的牧羊人，该国国王、王后无嗣，将他当作儿子抚养。俄狄浦斯16岁时，为免将来杀父娶母而出走，不想他逃避命运的过程却正是命运实现的过程：他行至一个三岔路口，遇见微服巡游的忒拜国王，冲突中将亲生父亲打死；后来到忒拜城外，破解了斯芬克斯谜语，除掉了怪物，被作为英雄迎进城内，做了国王并娶王后——即自己的母亲为妻。对这样一个曲折而惊心动魄的故事，戏剧诗人却是从俄狄浦斯32岁时写起的，这时，逆伦大罪已犯下16年，故事已到了最后一天。

序幕表现民众聚集到王宫前，为城里发生大瘟疫而向国王求告。俄狄浦斯认为一定是有人犯下大罪才使上天发怒，答应追查。整部戏4场，就是追查罪人这一个行动。第一场，俄询问先知（就是32年前的算命者），先知不肯作答，被逼迫之后，指控俄就是罪人。俄恼怒，怀疑这里有企图夺权的阴谋。第二场，王后来解劝，说神谕不一定可信，

你知道吗

斯芬克斯谜语

斯芬克斯是希腊神话中一个长着狮子躯干、女人头面的有翼怪兽。它坐在忒拜城附近的悬崖上，向过路人出一个谜语："什么东西早晨用4条腿走路，中午用两条腿走路，晚上用3条腿走路？"如果路人猜不出，就被害死。俄狄浦斯猜中了谜底是"人"，斯芬克斯羞惭地跳崖而死。

例如老国王按照神谕应该被儿子所杀，但却是在一个三岔路口被一群强盗打死的。这个解劝反而动摇了俄狄浦斯的自信，因为他想起自己在三岔路口杀过人。于是，他吩咐把当年随老王出行又逃回的牧羊人找来。第三场的情节是剧中最富于技巧性的精彩之笔：科任托斯突然来人报信，说他们的国王因病去世，请俄狄浦斯去继承王位。俄不悲反喜，因为自己不可能杀父了。但他拒绝回去，因为娶母的可能还存在。报信人为了解除俄狄浦斯的担心，便

说明他本是一个抱养的弃婴。俄大惊失色。这一笔的技巧叫作突转，使戏剧动作陡然转向：俄决心追查自己的身世。剧情在这里波澜突起后，于第四场更紧张地往下进行。牧羊人被找来了（就是当年送婴儿的人），这时王后已明白真相，阻止再查，但俄狄浦斯决心弄清自己的身世。王后进宫自杀。俄得知身世后刺瞎双眼，自我流放。

《俄狄浦斯》全剧4场，动作紧张单一，时间不超过一天，地点始终在宫前台阶上。手法始终是用现在的动作（追查）逼出往事的追溯，而往事的披露有力地推进现在的动作。这便是回溯式结构的写法。剧本简单有力，严谨朴素。希腊悲剧用诗句写成，并有歌队。在能容纳一万几千名观众的露天剧场里，几个演员有着雕塑般的形体动作，高声念着庄严优美的台词，歌队有时扮演群众，更多的时候只做歌队，在每场之后对剧情发出评论，对不幸的英雄唱出悲天悯人的歌声，完成了这一部伟大的悲剧。除了古典型戏剧的典范之外，我们从《俄狄浦斯》中还可领略"命运悲剧"的风采。剧中主人公的悲惨遭遇纯粹由于命运，但这并不使剧作降低了意义，因为悲剧英雄的表现显示了人类面对不可知的命运时敢于正视和前行的伟大勇气。

◎《哈姆雷特》

剧作写的是丹麦王子哈姆雷特对谋杀他的父亲、骗娶他的母亲并篡夺了王位的叔父进行复仇的故事。

在丹麦王宫里，4具王公贵族的尸体躺在血泊中，满面悲伤的霍拉旭向人们讲述了那惊心动魄的故事：几个月以前，老王神秘地死去，他的弟弟克劳狄斯登上王位，并娶了原来的王后。邻国挪威的福丁布拉斯王子乘机发兵，想报杀父之仇，并夺回割让的土地。年轻英俊、正直善良的王子哈姆雷特回国奔丧。父亲的死，母亲的改嫁，使他感到悲痛、屈辱、气愤。

哈姆雷特听说城堡露台上连续几天都出现鬼魂，好奇心促使他登上了露台。原来那鬼魂就是哈姆雷特的父亲。鬼魂把他引到一个僻静的地方，向他

戏剧艺术

《哈姆雷特》第三幕第二场

诉说自己被害的经过：他在午睡时，被克劳狄斯用毒药灌进耳朵而亡，他要哈姆雷特替他报仇。哈姆雷特从此对一切都失去了兴趣，只让复仇大事留在脑海中。

哈姆雷特爱上了首相的女儿奥菲利亚，而世故的首相波洛涅斯却阻止女儿和他来往。一天，哈姆雷特突然找到奥菲利亚，在她面前做出了许多癫狂的举动。从此，宫中谁都知道王子为爱情而发疯了。国王克劳狄斯心怀鬼胎，派波洛涅斯和奥菲利亚去试探王子的心。其实，哈姆雷特并没有疯，只是性格忧郁、优柔寡断的他看透了人世间的丑恶，不肯轻易地相信别人。他对一切都产生怀疑，矛盾重重的哈姆雷特在焦灼的内心和冷酷的现实之间不得安宁，濒于疯狂，他索性半真半假地装起疯来。

一个戏班到宫中献艺，哈姆雷特趁机安排他们上演《贡扎古之死》。台上，国王的侄子把毒药灌入国王的耳朵谋害了他，夺走了王后。台下，做贼心虚的克劳狄斯大惊失色，起身就走。哈姆雷特证实了鬼魂的话，却因为自己的犹豫而错过了杀死克劳狄斯的机会。在王后的卧室，母亲劝他不要再疯狂下去了，哈姆雷特怒火中烧，他拿起镜子，要母亲照照自己的灵魂。这时帐后突然有人惊呼起来，哈姆雷特以为那偷听者是克劳狄斯，一剑刺过去，倒在地上的却是波洛涅斯。

克劳狄斯以波洛涅斯的死为借口，将王子送往英国，秘密地嘱咐英王将王子处决。王子在途中偷拆了信件，知道了其中的秘密，于是偷改了信的内容。第二天他们遇到了海盗袭击，哈姆雷特在混战中跳上了海盗船后偷偷潜回国内，找到霍拉旭，把一切都告诉了他。

王子的出走与父亲的死，使善良的奥菲利亚精神失常。一天，她失足落入河中溺水而亡。她的哥哥雷欧提斯从国外回来，要为父亲和妹妹报仇。克劳狄斯把一切都推到哈姆雷特身上。他们得知哈姆雷特回国，定计谋害他。在奥菲利亚的葬礼上，哈姆雷特失去了控制，跳进墓穴，与雷欧提斯打了起来。克劳狄斯唆使雷欧提斯用毒剑与哈姆雷特决斗。

在决斗第一回合中，哈姆雷特占了上风。他斟上一杯酒，以示祝贺，因急于比赛，把酒放下。在第二回合中王子又获得了胜利，王后高兴地替王子饮下了这杯酒。雷欧提斯在克劳狄斯的煽动下，一剑刺中哈姆雷特。同时哈姆雷特手中的剑也刺伤了雷欧提斯。这时，王后中毒身亡，原来酒也被克劳狄斯下了毒。雷欧提斯在最后一刻良心发现，当众揭发克劳狄斯的阴谋。王子举起手中毒剑刺向克劳狄斯，杀死了仇人。他自己也毒性发作倒了下去，临死前把王位传给了好友福丁布拉斯。

《哈姆雷特》是莎士比亚最重要的作品，这部悲剧就其表现的社会内容和哲学内涵来说都是极丰富的。它以精湛的艺术形式、博大的思想内容表现出主人公人文主义理想的幻灭，反映了作者对人生价值和意义的探索。早在 12 世纪就流传着丹麦王子为父报仇的故事，英法两国的剧作家都根据其情节写过中世纪以血亲复仇为中心的剧本。1601 年，莎士比亚将其改编成一部

《哈姆雷特》剧照

深刻反映时代面貌、具有激烈矛盾冲突的杰出悲剧，使这一复仇故事有了广泛的社会意义。剧作通过描写哈姆雷特与现实之间不可调和的矛盾，和他在复仇过程中的犹豫彷徨、忧伤苦闷及其中毒死亡的悲剧结局，深刻地体现出人文主义者要求冲破封建势力束缚的强烈愿望，同时也揭示出英国早期资产阶级的局限性。

　　莎士比亚精心塑造了哈姆雷特这一个性鲜明的典型形象。哈姆雷特对人自身、对人类的明天满怀热爱和信心。在他看来人是"了不得的杰作"，具有"高贵的理性"、"伟大的力量"，有着无比的智慧，是"宇宙的精华，万物的灵长"。人文主义教育使他胸怀远大抱负，但突如其来的巨变，又使他遭受了那么多的不幸。他无忧无虑、明朗爽快的性格发生了变化。父死母嫁，奸邪当道，国内一片乌烟瘴气。他渴望用进步的人文主义思想改造社会，却又觉重任难当，难以施为。踌躇难决之下，他苦思焦虑，性格一变而为忧虑沉闷。更因复仇的证据不足，一时也找不到复仇的时机，无法行动。这使得他优柔寡断，拖延迟疑。戏中大段沉痛的、强烈自责的独白，反映了他痛苦、矛盾的心境。表面上看，他令人惋惜地放过了一次次行动的机会，实际上这正是敌我力量悬殊、人文主义理想难以实现的悲剧性的反映。从第三幕起，他忧郁的心情开始得到克服，崇高的理想与责任感，使他意识到必须以行动来抗争不合理的命运，于是他雷厉风行地采取了一系列复仇措施。从采用演戏的方法来证实奸王的罪行到改写密信，从破坏奸王把他放逐英国，借刀杀人的阴谋，到最终刺杀奸王，把国事托给他志同道合的密友，无不表现了他的机智勇敢、镇定缜密以及超人的智慧。莎士比亚恰如其分地描写了哈姆雷特性格的变化与发展。

　　剧中人物具有个性化的语言。哈姆雷特前期语言明快，后期忧郁。最著名的双关语："生存还是毁灭，这是个问题。"直到今天还为人们所称道。哈姆雷特是一个刻画得极为成功的艺术形象，以"忧郁的王子"闻名于世。作者将丰富多彩的人物、生动活泼的语言和富于戏剧性的情节紧密结合起来，

自然生动，引人入胜。

剧中的鬼魂申冤、主人公复仇、行动中的延宕、戏中戏和流血凶杀的结局等，都属复仇悲剧的传统手法，但作品在人物塑造和思想内容的开掘上取得了极高成就。哈姆雷特理想崇高、思想深刻，在一个"脱了节"的时代立志重整乾坤，但他又耽于沉思、自责、自我怀疑，加之忧郁与孤独，于是一再拖延复仇计划。他身上集中体现着文艺复兴运动中人文主义者的优点和缺点及他们的迷惘、矛盾和痛苦，反映着 16 ~ 17 世纪初人文主义思想的危机。

《哈姆雷特》的戏剧情节生动，线索丰富，背景广阔。以哈姆雷特复仇为主线，雷欧提斯为副线，福丁布拉斯报父仇夺失地为隐线，形成多样化的戏剧冲突，增加了欣赏性。同时具有广阔的社会背景，即福斯塔夫式的背景：宫廷—家庭、深闺—墓地、乡下—城市等等，人物活动与社会背景密不可分，后者为前者服务，在人物性格塑造中起到了重要作用。

戏剧艺术

◎《伪君子》

《伪君子》是法国著名作家莫里哀的代表作。

繁华的法国首都巴黎，一个有钱人奥尔恭的家里。奥尔恭在前妻遗下一子一女去世后，与年轻善良的爱米尔结婚。此时，有一位穷困、潦倒、有如乞丐的宗教家达尔丢夫，要求寄居奥尔恭家。奥尔恭与他的母亲柏奈尔夫人不但答应，而且还让他过舒适的生活，将他视为圣人、君子。

你知道吗

莫里哀之死

莫里哀是位喜剧大师，但是他的死却是一场悲剧。为了维持剧团开支，他不得不带病参加演出。1673 年，在演完《没病找病》最后一幕以后，莫里哀咯血倒下，当晚就逝世了，终年 51 岁。

每当奥尔恭从外地返家后，必先探视达尔丢夫的生活起居，而后才问候家人。不论别人如何批评他的行为，奥尔恭都无动于衷。

　　笃信宗教的奥尔恭，阻止女儿玛丽亚娜与其爱人瓦赖尔的婚事，而欲将女儿玛丽亚娜许配给达尔丢夫。正当玛丽亚娜悲伤不已的时候，女仆桃丽娜怂恿她违抗父母。

　　继母爱米尔为了女儿玛丽亚娜的婚事，来请教达尔丢夫的意见，没想到达尔丢夫居心卑劣，企图一染芳泽。此时奥尔恭儿子达米斯识破了达尔丢夫诡诈的居心，出面阻止，将真相告诉父亲。结果他不但不被奥尔恭所相信，反而受到了处罚。达尔丢夫的狡辩不但让达米斯受苦，还促使奥尔恭剥夺了儿子达米斯的财产继承权，并将大部分财产给了达尔丢夫。

　　爱米尔眼看女儿将落入痛苦的深渊，于是定下了一计。她先让奥尔恭躲在桌下，然后引来了达尔丢夫，做出答应他求爱的模样。起初达尔丢夫满腹狐疑，但后来渐渐赤裸地露出了他狰狞的面目。此时的奥尔恭才恍然大悟，要将达尔丢夫逐出门去。不料，达尔丢夫却说："该扫地出门的是你！"因为奥尔恭的财产已经不再是他的了。

　　奥尔恭不但将全部财产送给达尔丢夫，就连重要的政治秘密文件也在达尔丢夫的手中。达尔丢夫已将文件呈给国王，控告奥尔恭叛国，并且领警察来缉捕他。这使得奥尔恭不得不逃亡。然而，出人意料的是，警察逮捕的不是奥尔恭，而是达尔丢夫，并且宣称："国王陛下洞察人心，不会受伪君子所蒙蔽。"然后，奥尔恭感谢国王的圣明，也答应了女儿与其爱人的婚事。

　　《伪君子》写伪装圣洁的教会骗子达尔丢夫混进商人奥尔恭家，图谋勾引其妻子并夺取其家财，最后真相败露，锒铛入狱。剧作深刻揭露了教会的虚伪和丑恶，达尔丢夫也成为"伪君子"的代名词。其剧作在许多方面突破了古典主义的陈规旧套，结构严谨，人物性格和矛盾冲突鲜明突出，语言机智生动，手法夸张滑稽，风格泼辣尖利，对世界喜剧艺术的发展有深远的影响。

　　这是一出典型的性格喜剧，全剧的艺术构思都是为了塑造一个伪善的达

尔丢夫的形象。

　　17 世纪法国教会活动以伪善为特点，成立了打着慈善事业的幌子、实则是进行秘密谍报活动的特别机构"圣体会"。它经常指派一些人伪装虔诚，以"良心导师"为伪装混入教徒、百姓家中，刺探人们的言行，通过告密手段来迫害进步人士。《伪君子》剧本中的主要人物达尔丢夫，集中地体现了这类恶徒伪善的行径。达尔丢夫本是外省的一个没落贵族，后成了职业的宗教骗子。他用假虔诚的伎俩欺骗了奥尔恭，使得奥尔恭引狼入室。他披着宗教的外衣，假装虔诚的信徒，目的就是为了掠夺别人的财产，破坏别人的家庭，以满足自己的私欲。当伪善的外衣被人戳破时，他就露出凶恶真相，拿出流氓恶棍的招数。剧本层层剥下达尔丢夫伪善的外衣，使其本相毕露，并指出他的伪善可能造成的严重危害——霸占奥尔恭的妻子、财产，要把奥尔恭一家赶出大门。达尔丢夫是一个具有高度概括性的典型，剧本对他伪善恶习的揭露达到了相当深刻的程度。

　　《伪君子》结构精巧，情节发展紧凑，人物刻画深刻。喜剧性的戏剧冲突与悲剧的场面相交织，喜剧的夸张手法和讽刺效果相融合。

　　结构严整紧凑，层次分明。主要人物达尔丢夫到第三幕才出场，通过开幕人物的议论，暗示了他的作为、欺骗、影响和权威。达尔丢夫第一次被达米斯揭露未被赶出且反败为胜，第二次桃丽娜采用桌下计，又未能赶走他。一波三折，最后在大家抱头痛哭时出人意料地被抓走。这体现了古典主义戏剧歌颂王权的特征。

　　这出喜剧还有机地综合了多种戏剧因素。如打耳光、隔墙偷听、桌下计等民间闹剧形式；奥尔恭的专横、达米斯的反抗和被赶出家门的风俗喜剧形式；奥尔恭几乎家败人亡的戏剧冲突本身带有许多悲剧性的因素。这些使作品既有滑稽戏谑的情趣，又扣人心弦。

　　人物语言高度个性化。达尔丢夫的语言矫揉造作，长篇大论地玩弄教义，符合他伪善的性格。桃丽娜犀利、明快、生动的语言显示她爽朗的性格和来

戏剧艺术

自民间的智慧。

◎《玩偶之家》

圣诞节前一天，娜拉仍忙于进行采购。这是她结婚以来第一个不用精打细算的圣诞节。她丈夫海尔茂刚刚被任命为一家银行的经理，他们不用再愁没有钱花了。海尔茂非常爱他的妻子，不过，他对娜拉的看法跟娜拉的父亲非常相似，都把她当作一个逗人的"娃娃"——一件玩物。娜拉和丈夫相处的时候有时像个孩子。事实上，娜拉有着女人的爱情、希望和忧虑。7 年前，海尔茂害了一场病，医生说他如果不立即出国疗养就会死去。娜拉知道海尔茂宁可死也不愿负债，她又不能去找她行将谢世的父亲。于是，她假冒父亲的签字向放债人柯洛克斯泰借了 250 英镑，供海尔茂到意大利去疗养。柯洛克斯泰为人苛刻，因此娜拉必须变着法子按期还钱。但她始终向海尔茂保密，因为他一直以为那次旅费是娜拉的父亲给的。

知识小链接

易卜生

易卜生（1828—1906）是挪威人民引以自豪的戏剧大师，欧洲近代戏剧新纪元的开创者，在戏剧史上享有同莎士比亚和莫里哀一样不朽的声誉。他一生共写剧本 26 部，主要有《觊觎王位的人》《厄斯特洛的英格夫人》《培尔·金特》《社会支柱》《玩偶之家》《群鬼》《国民公敌》《野鸭》《罗斯莫庄》《海上夫人》《咱们死人再生时》等剧作。

柯洛克斯泰在海尔茂现在担任经理的那家银行里做事，但海尔茂讨厌柯洛克斯泰并下决心要把他除掉。于是，在娜拉的老同学林丹太太找海尔茂想在银行里谋求一份差使的时候，海尔茂决心解雇柯洛克斯泰而改聘林丹太太。柯洛克斯泰得知他将被解雇之后，就找到娜拉说如果他被解雇，他就要毁了

她和她丈夫。那张假冒她父亲签字的借据上的日期，却是她父亲死后的第三天。这突如其来的事把娜拉吓慌了，她恳求海尔茂恢复柯洛克斯泰的职位，但却无济于事。柯洛克斯泰从海尔茂那里接到正式的解雇通知后写了一封信，信中揭露了伪造签字的详细过程，然后他把信投到了海尔茂家门口的信箱里。

《玩偶之家》经典场景

海尔茂满怀着欢度佳节的情绪，第二天晚上他们要去参加一个化装舞会。娜拉为了转移丈夫的注意力，使他想不到门外的信箱，就在海尔茂和老朋友阮克医生面前假装练习舞蹈。其实这时她已慌了手脚，不知所措。林丹太太曾与柯洛克斯泰有过一段恋情，林丹太太答应娜拉尽全力让柯洛克斯泰回心转意。娜拉还想到请阮克医生帮忙，但她刚刚开口，医生就流露了对她的爱慕之心，使娜拉无法再谈自己心中的秘密。庆幸的是，海尔茂答应她舞会结束前不去信箱看信。娜拉担忧的并不是自己，而是海尔茂的命运。她想象自己已经死去，海尔茂主动为她所做的一切承担责任并为她而名声扫地。然而现实却是林丹太太答应嫁给柯洛克斯泰，从而说服他撤回对海尔茂夫妇的指控。

在海尔茂从舞会回来看到柯洛克斯泰的信时，危机真的爆发了。他用最恶毒的话骂娜拉，还说她照旧可以待在这幢房子里，但不再是这个家庭的一分子了。接着，又收到了柯洛克斯泰的另一封信，说明他不准备对海尔茂夫妇采取任何行动。这时，海尔茂的态度来了个180度的大转弯。他夸夸其谈地说自己得救了。这是娜拉有生以来第一次认识了丈夫的庐山真面目：原来他是一个道貌岸然、自私自利的伪君子，在这个问题上根本不把她的处境放在心上。她宣布要离开这个家。海尔茂恳求娜拉留下。但是娜拉声明她要争取做一个有头脑的人，要去了解世界，要成为一个真正的女人而不是满足海尔茂狭隘的虚荣心的玩偶。她走出了房子，毫不犹豫地、决然地"砰"的一声关上了玩偶之家的大门。

《玩偶之家》（又译作《傀儡之家》或《娜拉》）是使挪威剧作家易卜生闻名全世界的剧作。它通过女主人公娜拉与丈夫海尔茂之间由相亲相爱转为决裂的过程，探讨了资产阶级的婚姻问题，暴露了男权社会与妇女解放之间的矛盾冲突，进而向资产阶级社会的宗教、法律、道德提出挑战，激励人们尤其是妇女为挣脱传统观念的束缚、为争取自由平等而斗争。《玩偶之家》戳穿了资产阶级在道德、法律、宗教、教育和家庭关系上的假象，揭露了在"幸福"、"美满"等表面现象掩盖下的资本主义社会的虚伪本质，并提出了妇女解放这样一个尖锐的社会问题。它是一篇抨击资产阶级男权中心思想的控诉书，是一篇妇女解放的宣言书。

《玩偶之家》成功地塑造了娜拉的形象。她表面上是一个未经世故的青年妇女，一贯被人唤作"小鸟儿"、"小松鼠儿"。实际上她性格善良而坚强，为了丈夫和家庭不惜忍辱负重，甚至准备牺牲自己的名誉。她因挽救丈夫的生命，曾经瞒着他向人借了一笔债；同时想给垂危的父亲省却烦恼，又冒名签了一次字。就是由于这件合情合理的行为，资产阶级的"不讲理的法律"却逼得她走投无路。更令她痛心的是，真相大白之后，在她最需要丈夫和她同舟共济、承担危局的时刻，她却发现自己为之做出牺牲的丈夫竟是一个虚伪而卑劣的市侩。她终于觉醒过来，认识到自己从来就没有独立的人格。娜拉与丈夫已结婚8年，是3个孩子的母亲了，然而在家庭中仍然是玩偶的地位。易卜生在此着重描写了她的觉醒和"精神反叛"。她终于逐渐认识到自己可悲的社会地位：结婚前是属于父亲的，结婚后是属于丈夫的，"像要饭的叫花子，要一口吃一口"。她再也不愿意处于奴隶的地位，经过一番激烈的辩论而勇敢地出走了。她要到社会中去弄清楚"究竟是社会正确还是我正确"。

易卜生在《玩偶之家》中通过层层剥笋的手法展开故事情节，分析人物心理，展示人物性格。易卜生革新了欧洲近代戏剧，对现实主义的戏剧文学发展做出了重大贡献。他把社会问题与戏剧艺术结合起来，创造了"问题剧"，使当时的观众耳目一新。人们再也不被作者牵着鼻子走，而是按照生活的逻辑去关心剧中人物的命运，去思索社会现实问题，这在欧洲戏剧史上是个创新。同时，易卜生还革新了戏剧形式，他抛弃了流行于当时欧洲舞台上的乔装、谋杀、决斗等惊险场面和意外事件，剧中人物仿佛是观众常见的，其经历仿佛也是观众经历过的，观众参与讨论，探索问题的答案，大大增加了艺术效果。

《玩偶之家》结构高度集中，充分体现了戏剧艺术的结构魅力。它是一部三幕剧，场景集中——自始至终只有一个场景；时间集中——两天左右；人物集中——出场人物 9 个，而戏主要集中在海尔茂和娜拉两个人身上；情节集中——贯穿全剧的是单一的情节线。

易卜生在单纯简单的情节线索中塑造了丰满复杂的人物性格，在单纯中见丰富。他把情节结构建立在人物性格的坚实基础上，他并不把情节结构看成是对人物外部行动的安排组织，而是包含着对人物心理活动进程的处理。他以娜拉和海尔茂之间夫妻关系的发展作为情节的线索，并能把其他人物的行动和这条线索交织起来，从而又增强了情节的生动性和丰富性。

作者让结局和新悬念同时发生，使主人公的性格进一步发展。此剧结局是娜拉的出走。她说声"再见"，从门厅走出去。观众只听见楼下"砰"的关门声，幕就落了。这"砰"的一声既宣告了结局，又唤起了新的悬念：娜拉出走后会怎样？这正告诉了人们娜拉的性格还要发展，说明结局不是性格的终点而是新的起点。

◎《雷雨》

话剧《雷雨》是著名剧作家曹禺的开山之作，也是他的成名之作。无论

戏剧艺术

是从故事层面、戏剧效果，还是从更深的人生哲理意蕴，《雷雨》都是一部精彩之作。《雷雨》剧作成于 1928 年，它以 1923 年前后的中国社会为社会背景，描写了一个以周朴园为代表的带有浓厚的封建色彩的资产阶级家庭的生活悲剧。通过周、鲁两家人之间复杂的人物关系和尖锐的矛盾冲突，生动地勾勒出现实社会的阶级关系，反映了当时历史的某些方面。作者怀着被压抑的愤懑和对受侮辱受迫害的善良的人民的深切同情，揭露了旧中国旧家庭的种种黑暗罪恶的现象和地主资产阶级的专横、冷酷与伪善，预示了旧制度必然崩溃的命运。

知识小链接

曹禺

　　曹禺（1910—1996），原名万家宝，祖籍湖北潜江，我国现代杰出的戏剧家，一生共写过 8 部剧本，其中著名的有"四大名剧"：《雷雨》《日出》《原野》《北京人》。

　　剧中有着"最残酷的爱"和"最不忍的恨"；有着"最'雷雨'"的女人，也有着如"一棵弱不禁风的草"般的男人；有在岁月中历练得冷酷但仍残存着一丝温情的老人，也有对生活充满幻想的孩子。在这最浓缩的时间与空间里，所有的人都在纠缠着、挣扎着，或为了实现救赎，或为了追求梦想，或为了保持一点眼前的平静，可一切的努力都是无力的，最终的毁灭无可避免。作者欲表达一种人类的命运、人对于一种神秘不可知的力量的"无名的恐惧"和"不可言喻的憧憬"。这是一个 23 岁青年的激情之作，需要人们以激情去读、去看、去感受。多年来，《雷雨》不是作为神秘剧而是作为社会剧而受欢迎的，作者对于人们就其作品所作的"暴露大家庭的罪恶"的解释也表示了追认，这或许说明了这部作品内涵的丰富性。

　　剧中主要人物的结局有的死、有的逃、有的变成了疯子。剧本的这种强烈的悲剧性，不仅深刻地暴露了资产阶级的罪恶和他们庸俗卑劣的精神面貌，而且引导观众和读者不得不追溯形成这种悲剧的社会原因。这正是《雷雨》深刻的思想意义之所在。

《雷雨》主要有 3 对矛盾，组成全剧的 3 条线索，展开一连串激烈的冲突：一条是周朴园和繁漪的矛盾，反映着封建势力对爱情的禁锢、压迫与争取家庭民主、自由的斗争；一条是侍萍、四凤等人与周朴园的矛盾，反映着被污辱被损害的下层人民同剥削阶级势力的斗争；还有一条是鲁大海与周朴园的矛盾，反映着工人阶级同资产阶级的斗争。周朴园和繁漪的冲突是剧情发展的中心线索，但它只有同其他几条线索交织在一起，才完整地构成了带封建色彩的资产阶级家庭和旧社会腐败没落的图景。剧情发展入情入理，既合乎生活逻辑，又合乎人物性格逻辑，最后高潮出现，具有不可抗拒的说服力。

《雷雨》人物不多，却关系复杂，有着夫妻、父子、母子、兄弟、主仆等多种复杂的关系。各个人物之间的血缘或亲属等关系组成一张错综的网，具有这些关系的人物又都共在一个大的矛盾旋涡之中，戏剧性极强。30 多年间周、鲁两家的矛盾始终交织在一起，贯穿全剧。人物形象也在情节发展中得到了充分的体现。作者通过尖锐的戏剧冲突和富有性格特征的对话，对人物形象做了深刻的心理描绘。他们都有鲜明的个性，每一个人物都显示了他作为社会人的丰富内容，以各自的遭遇和命运激动人心。

戏剧结构严密紧凑，完整集中。全剧四幕，在一天的时间（上午到午夜两点钟）、两个舞台背景（周家的客厅，鲁家的住房）内集中地表现出两个家庭和它们的成员之间前后 30 多年的错综复杂的纠葛。它写的主要是属于资产阶级的周家，同时又写了直接受到掠夺和侮辱的鲁家。作者巧妙运用了"回顾"和"穿插"的方法，把"现在的戏剧"和"过去的戏剧"交织在一起，充分表现了周、鲁两家尖锐、集中的矛盾冲突，剧情发展紧张激烈。作品大胆吸取了外国优秀剧作的丰富经验，成功地推出了具有中国特色的戏剧性强、爆发力大的剧作。

◎《茶馆》

　　1957年发表并演出的《茶馆》，代表了老舍先生话剧创作的最高成就。作品以旧北京城中一个大茶馆——裕泰茶馆的兴衰为背景，通过对茶馆及各类人物命运变迁的刻画和描写，反映了清末、民国初年到抗战胜利后3个不同时代近50年的社会面貌，揭示了半殖民地半封建的旧中国的动荡、黑暗与罪恶，向世人宣告了旧中国必将走向灭亡的历史发展的必然趋势。

> **基本小知识**
>
> ## 话　剧
>
> 　　话剧指以对话为主的戏剧形式。话剧虽然可以使用少量音乐、歌唱等，但主要叙述手段为演员在台上无伴奏的对白或独白。话剧是一门综合性艺术，剧作、导演、表演、舞美、灯光、评论缺一不可。

　　茶馆是三教九流会面之处，可以容纳各色人物。一个大茶馆就是一个小社会。这出戏虽然只有3幕，可是却写了50多年的变迁。把经常下茶馆的小人物集合到一个茶馆里，用他们生活上的变迁反映社会的变迁，从侧面透露出一些政治消息。

　　《茶馆》的戏剧冲突与主题体现是独特的。《茶馆》中虽然集中了形形色色的人物，但他们之间并不存在直接的、具体的、针锋相对的冲突，人物与茶馆的兴衰也没有直接关系。《茶馆》所采用的是特殊的戏剧冲突。剧中人物仿佛是在某种外力的作用下按照自己的轨迹必然地运行。正直、善良的人无法摆脱厄运的袭击，那些异常活跃的社会渣滓，各自遵循着自己的道德准则行事。作者把矛盾的焦点直接指向那个旧时代，人物与人物之间每一个小的冲突都暗示了人民与旧时代的冲突。这种"剪影式"的新尝试，展现了当时社会的众生相，深刻地反映了帝国主义的渗透、侵略和封建统治的荒淫、腐

败没落所造成的社会黑暗，表明了中国封建社会的末日即将来临。

《茶馆》采用"群像展览式"结构，也称为"图卷戏"。一幅卷轴画似的渐次展开，人们看到的是广大劳动人民群众与那个旧时代冲突的一个个侧面。作品没有一个完整的情节线索，没有贯穿始终的矛盾冲突，而是以众多人物的活动带动情节的发展。

用一个个"过客"般的形象以及粗线条的经历来反映那个病态社会的林林总总，这是老舍先生在人物塑造上的一大创新。每一个在茶馆中出现的人物都有一个自己的故事。这些故事或相互交织，或平行发展，共同构成了茶馆这样一个大时代的缩影。《茶馆》人物多，年代长，不易找到一个中心故事。剧中出场的人物有70多个，他们没有特别的主次之分，每个人的台词也都不多，他们在茶馆中是匆匆过客——李三的抱怨、巡警的勒索、难民的哀告、逃兵的蛮横……都表现了帝国主义控制下的军阀混战给人民带来的深重灾难以及社会的黑暗。而刘麻子、唐铁嘴等人正是那个黑暗社会的产物。

人物虽然散、杂，但戏剧却是完整统一的。作者在人物的安排上采用了4个有效的办法：其一，主要人物自壮到老，贯穿全剧。这样，故事虽然松散，而中心人物有些着落，就不至于说来说去，离题太远，不知所云了。以人物带动故事，近似活报剧，又不是活报剧。此剧以人为主，而一般的活报剧往往以事为主。其二，次要的人物父子相承，父子都由同一演员扮演。这样也有助于故事的连贯。在生活中，儿子不必继承父业；可是在舞台上，父子由同一演员扮演，就容易使观众看出故事是连贯下来的，虽然一幕与一幕之间相隔许多年。其三，每个角色都说他们自己的事，可是又与时代发生关系。这么一来，厨子就像厨子，说书的就像说书的了，因为他们说的是自己的事。同时，又把他们自己的事和时代结合起来，像名厨而落得去包办监狱的伙食，顺口说出这年月就是监狱里人多；说书的先生抱怨生意不好，也顺口说出这年头就是邪年头，真玩意儿要失传……因此，人物虽各说各的，可是又都能帮助反映时代，这就使观众既看见了各色人物，也顺带着看见了一点儿那个

戏剧艺术

时代的面貌。这样的人物虽然也许只说了三五句话，可是的确交代了他们的命运。其四，无关紧要的人物一律招之即来，挥之即去。

活报剧

基本小知识

活报剧是以应时性、时事性为特征的戏剧类型。这类剧目能及时反映时事以达到宣传的目的，就像"活的报纸"。演出时，常常把人物漫画化，并插有宣传性的议论。活报剧多在街头、广场演出，也可在剧场演出。

剧中人物的语言具有鲜明个性、幽默风格和浓郁的北京地方色彩。没有生活便没有活的语言。老舍有一些旧社会的生活经验，认识茶馆里的那些小人物，知道他们做什么，所以也知道他们说什么。以此为基础，再夸大一些、润色一下，人物的台词即成为他们自己的，而又是作者的。如唐铁嘴夸耀自己抽白面的对话，看起来滑稽可笑，却会激起人们对帝国主义侵略的仇恨。他说："已断了大烟，改抽白面了。"这的确是他自己的话，他是个无耻的人。下面的话："大英帝国的香烟，日本的白面，两大强国伺候我一个人，福气不小吧？"便是老舍叫他说的了。一个这么无耻的人可以说这么无耻的话，在情理之中。同时，叫他说出那时代帝国主义是多么狠毒，既拿走我们的钱，还要我们的命！王利发问报童"有不打仗的新闻没有"，也像一句玩笑话，都表现出人民对动荡时局的不满。松二爷看见宋恩子和吴祥子仍穿着灰色大衫外罩青布马褂，说："我看见您二位的灰大褂呀，就想起了前清的事儿！"这表现出松二爷的怀旧情绪，也讽刺了辛亥革命的不彻底。作品写了"那些年代的啼笑皆非的形形色色"，把对黑暗社会的讽刺、批判与强烈的爱国热情和对劳动人民的同情联系起来，在微笑中蕴藏着严肃和悲哀，这寓庄于谐的幽默风格，给读者留下了深长的回味和思考。

舞台设计与说明有其鲜明的时代特征。这出戏分 3 幕，但跨越了近 50 年

的历史，每场戏的舞台设计与说明都展现了特定时代的环境、气氛。例如第二幕，舞台说明所反映的是 1916 年袁世凯死后，军阀割据、连年内战、民不聊生的社会面貌。裕泰茶馆是北京城内仅存的一家，可见军阀混战时期街市的冷落萧条。茶馆内设置的时装美人广告画和"莫谈国事"的大字，可以使人联想到帝国主义的入侵和渗透，也看到了社会的动荡不安。从茶馆的修理门面，预备开张，足见主人王利发的审时度势、随俗为变、善于经营的特点。

◎《青鸟》

比利时作家梅特林克的代表作《青鸟》，是一部 6 幕 12 场童话剧，创作于 1908 年。剧情大致是这样的：贫穷的农家孩子蒂蒂尔和米蒂尔在圣诞节前夜的睡梦中遇见驼背、瘸腿、独眼的仙女贝丽吕娜，送给他们一只可以释放一切有形或无形物体灵魂的魔戒，让他们在光的带领下由狗、猫、水、火、面包、糖和奶陪伴着去寻找象征着"一切事物和幸福的秘密"的青鸟。他们来到"思念之土"，见到死去的爷爷、奶奶和 7 个姐妹兄弟，然而这儿的鸟并不是青鸟而是黑色的死亡之鸟。他们来到"夜的宫殿"，这里隐藏着疾病、战争、黑暗和恐怖等一切人间的罪恶，尽管夜宫也有梦幻的花园，飞翔着成群的青鸟，然而它们是黑暗之鸟，真正的青鸟早已飞走。他们来到森林，对人类早已充满仇恨的树木和牲畜围攻他们。光及时赶来解救，并告诉他们："在这个世界上人是孤立无援的。"他们来到墓地，这儿并没有死亡，而是一座阳光普照百花盛开的仙国。他们来到"幸福之园"，这儿拥挤着肥胖臃肿富翁的幸福、产业主的幸福、虚荣心的幸福、无所事事的幸福等等，在光的照耀下，这些幸福都显得丑陋不堪；真正的幸福是家庭幸福、健康幸福、春天幸福、新鲜空气幸福。他们还遇到欢乐和母爱。他们来到"未来之国"，国中的居民都是即将诞生的婴儿，等待着时光老人放他们到人间去，可是他们带给人间的将是疾病、失望和权欲。最后他们回到了自家的小屋，那些被魔戒赋予灵魂的狗、猫、水、火等向他们告别。光说："我守护着人，一直到岁月终

戏剧艺术

止……每束洒下的月光，每颗微笑的星辰，每天升起的曙光，每盏点燃的油灯，你心灵里每个善良清楚的念头，那全是我在同你们讲话。"清晨梦醒了，蒂蒂尔和米蒂尔又回到现实的世界。蒂蒂尔把自己的小鸟送给邻居患病的小姑娘，她康复了，然而小鸟从她手上飞走了。蒂蒂尔向人们说："如果哪位找到了那只鸟，请把鸟还给我们。为了我们今后的幸福，我们需要青鸟。"

基本小知识

童话剧

童话剧是以童话为内容、以戏剧为形式创作的故事。剧本包括原创和改编两种，通过一系列的演艺方式来展示。然后，再进行舞台加工和歌舞设计，通过演员舞台表演或卡通制作，呈现在观众面前。

《青鸟》是一部优美的、抒情诗一般的喜剧。它是写给孩子们的，然而又包含令人感悟的哲理启示，因此不能把它看作一般的童话剧。梅特林克用博爱的感情面对辛酸的现实，用乐观的态度去憧憬未来。青鸟这一具体的形态被赋予多层次的抽象观念，它是"一切事物和幸福的秘密"。它既是人类唯一的幸福，也包含着人类和大自然关系的种种奥秘；它更象征着一种超凡脱俗之后才可能有的精神幸福。在现实生活中，人是孤独的，贫穷、疾病伴随着多数人的童年；然而人类幸福是普遍存在的，母爱就是不分贫富的普遍幸福。幸福的青鸟需要人们不避艰辛地寻找，在历尽困苦之后，人们可以得到它，那就是被大自然一切生物的灵魂所净化了的美好、善良的愿望——博爱的精神幸福，它即便失去也能再次找到。《青鸟》中那些有形和无形的动植物、自然现象、思想情感和抽象的概念都被具体形象化，造成一个虚幻理想的世界。然而，它美的象征给予人们的是炽热的感情和高尚思想的启迪。

中国戏曲舞台

戏曲具有戏剧的共同属性，具有舞台的形象和直观性，可以与观众当场交流，因而有很强的表现力和感染力。

◎ 戏曲的艺术特征

动作歌舞化

某种艺术形式的特征，往往与它表现生活的手段密切相关。文学使用口头和书面语言，绘画使用线条和色彩，音乐使用有规则的乐音，戏剧则是通过演员扮演角色，用剧中人物自己的行动和语言来表现人们的社会性冲突。戏曲艺术在漫长的孕育、发展和成熟的过程中，在不断的艺术实践和理论探讨中，积淀和显示出鲜明的个性特征和美学风貌，从而构成了中国戏曲艺术的特征。

中国戏曲艺术一向以载歌载舞著称于世。它同西方以"摹仿说"为指导思想的写实的话剧不同，不追求与生活原型相似，而是通过高度的夸张、变形、象征等手法，将生活诗歌化、音乐化、舞蹈化。

戏剧动作的歌舞化给戏曲艺术带来了长于抒情的特点，故人们往往称戏

你知道吗

我国的戏曲剧种有多少

我国各民族地区的戏曲剧种，约有360多种，比较流行的著名的剧种有秦腔、京剧、豫剧、越调、越剧、黄梅戏、评剧、曲剧、昆曲、粤剧、川剧、淮剧、晋剧、汉剧、湘剧、潮剧、闽剧、祁剧、莆仙戏、河北梆子、湖南花鼓、吕剧、花鼓戏、徽剧、沪剧、绍剧等60多个剧种。

戏剧艺术

曲剧本为剧诗。它同我们源远流长的诗歌传统一脉相承。我国最早的文艺是诗歌、音乐、舞蹈三位一体的形式，其功能不重于模仿而重于抒情。故而戏曲艺术善于抒发人物复杂细腻的思想感情，擅长展示人物的内心冲突。戏曲剧本中的唱词，本身就是诗，不少以大段唱腔刻画人物的剧目，如《思凡》《痴梦》《鸿雁传书》《苏三起解》等剧目，如果用话剧形式演出，就很难成功，至少会逊色不少。这正是由戏曲的抒情性所决定的。

戏曲的歌舞动作，是剧中人物性格动作的歌舞化。歌、舞不能各自为政，它是刻画人物性格的手段，要受戏剧情节和人物性格的制约。戏曲演员通过歌、舞、念白等艺术手段来塑造人物。

知识小链接

念　白

念白是我国戏曲中一种特有的艺术表现手法。它以一种介于读与唱之间的音调将语言戏剧化、音乐化，在戏曲中常与唱腔部分互相衔接、陪衬、对比，形成戏曲中最能表达人物的内心独白，体现人物思想的一种手法。

情境虚拟性

由于各种艺术形式不同，在反映生活时就有不同的方式和角度。植根于我们民族文化传统和审美传统的戏曲，以写意的戏剧观为指导，从内容到形式都不满足于模仿生活的真实，而是同生活形态保持了较大的距离。戏曲舞台上常常是空荡荡的，没有固定的环境，戏曲演员运用虚拟动作调动观众的想象，形成特定的戏剧情境，创造生动的舞台形象。这种特殊的舞台表现手法体现在对生活各个领域、各个方面的具体表现上。例如对时间、空间、自然现象、地理环境、物体等的虚拟。在戏曲舞台上，演员手拿一支木桨，配合划船动作可以表现行船江上；一根马鞭，加上"趟马"动作，则表现驰骋

疆场；几个龙套可代表千军万马；数声鼓点可以表示从黑夜到天明；等等。

虚拟手法在舞台时间、空间的运用，给戏曲艺术反映生活带来了极大的灵活和自由。写实的话剧是尽量模拟生活的真实，运用逼真的舞台装置来制造生活的幻觉。在一场戏中，舞台上演员活动的时间与观众席上观众所度过的时间基本一致，否则用换景、换场、暗转来表现时间的跨越。戏曲舞台却突破了固定时空的局限，扩大了表现时间和空间的能力，让观众看到更为广阔的生活画面。通过演员的唱念和表演，充分调动观众的想象和联想，在有限的舞台空间展现出流动着、变化着的生活场面。有时，为了剧情的需要，戏曲舞台上还可以将相距甚远的不同场景，"剪辑"在同一画面上，形成"多重空间"。戏曲舞台上的时间富有弹性，只要表现冲突和刻画人物需要，戏曲舞台上可以把生活中的时间进行高度压缩；也可以把生活中的人物一瞬间的思想活动加以延伸。虚拟性给戏曲舞台带来了时空自由的优势，艺术家们按照这一美学原理，创造了多种绝妙的戏剧场面。

环节程式化

所谓程式，即一定的规程、法式。任何艺术都有一定的程式，否则会杂乱无章。但戏曲却是一种高度程式化的艺术，有整套的程式系统，有严格的技术规范。无论剧本创作、演员表演、音乐结构、人物造型、布景道具无不具有一定的规格和程式。所有这些，构成了戏曲艺术的鲜明的外部特征。

戏曲程式，特别是表演程式，是对生活素材进行高度概括、加工、提炼的结果，它是经过诗化、美化而形成的独特的"语汇"。它本身既积淀了一定生活的内容，具有叙事的功能（如"起霸"、"走边"、"趟马"、开门、关门、上楼、下楼等程式，无不包含着特定的生活内容），同时又具有很高的审美价值，有相对的独立性。由于每种程式都有一定的甚至很高、很难的技艺、技术要求，因此，演员只有经过长期严格的声音、形体和表情训练，才能掌握戏曲塑造人物的基本手段和基本技能，领略戏曲"语汇"的奥秘。戏曲诀谚

戏剧艺术

戏曲脸谱

中说的"台上三分钟，台下十年功"，正说明戏曲训练的长期性和艰苦性。一个戏曲演员，不论对角色的分析多么深刻，内心体验多么丰富，如果没有掌握外部技术和适当的表演程式，如果没有组合、运用程式的能力，就不可能用戏曲特有的手段塑造出人物形象。正如只有掌握了古典诗词的音韵、格律，才能写好诗词一样；戏曲演员只有掌握了程式，才能随心所欲不逾矩，在严格的规范中求得自由。

戏曲程式规范性的特点，带来了它的稳定性、独立性，但它又不是凝固的、僵化的。演员在塑造人物时，可以根据自己的内心体会，根据具体的戏剧情境，对于程式灵活运用并加以发展，从而求得程式的规范性和人物性格的统一。

◎ 戏曲作品欣赏

《窦娥冤》

《窦娥冤》取材于《汉书·于定国传》和干宝《搜神记》中的"东海孝妇"故事。关汉卿结合元代社会现实，予以很大的创造，写成一部反映元代人民遭受深重苦难的社会大悲剧。此剧描写窦娥从小被其父窦天章卖给蔡家为童养媳，不幸丈夫夭折，婆媳相依为命。流氓张驴儿乘人之危，企图强占窦娥，窦娥断然拒绝，张驴儿欲毒死蔡婆威逼窦娥就范，不想误害死了自己父亲，他诬告父亲为窦娥所杀，草菅人命的昏官将窦娥判处死刑。临刑之前，窦娥对天发下 3 桩誓愿：倘若死得冤屈，血飞白练，六月下雪，大旱三年。后来 3 桩誓愿一一应验。3 年后，窦天章做了提刑肃政廉访使至楚州，窦娥鬼

魂向父亲诉说冤情，终于得以昭雪。

《窦娥冤》通过一个青年妇女的悲惨遭遇，深刻地揭露、批判了封建社会的腐朽、黑暗；歌颂了被压迫、被迫害妇女的坚强性格和不屈不挠的抗争精神。

《窦娥冤》成功地塑造了窦娥的形象，生动地刻画了她的正直、善良、舍己为人的性格。为了使婆婆免受皮肉之苦，她饮恨屈招；在押赴刑场时怕被婆婆撞见引起老人伤心，她哀求刽子手不要带她走前街；3 年以后，冤

情大白，已做了 3 年鬼魂的窦娥还惦念着亲人，嘱咐父亲收养婆婆。除了描写窦娥这些性格侧面，关汉卿还真实地描写了她的成长和觉醒。窦娥原是个与世无争、尽孝守节、俯首听命的弱女子，她相信官府会主持公道、明辨是非。然而不幸接踵而来，社会到处是陷阱，残酷的现实毁灭了她的幻想，使她认清了"官吏每无心正法，使百姓有口难言"，她悲愤地对着清浊不辨的现实、对着至高无上的天和地，大胆地质问和叱骂："有日月朝暮悬，有鬼神掌着生死权，天地也，只合把清浊分辨，可怎生糊突了盗跖颜渊；为善的受贫穷更命短，造恶的享富贵又寿延！天地也，做得个怕硬欺软，却原来也这般顺水推船。地也，你不分好歹何为地？天也，你错勘贤愚枉做天！哎，只落得泪涟涟。"惊天动地的控诉、撕裂人心的呐喊，气势如汹涌澎湃的浪潮，激励着被压迫人民的斗争勇气。

为了塑造好窦娥的形象，关汉卿还采用了浪漫主义的手法。窦娥被冤斩以后，她的血都飞到丈二白练上，无半点落地；六月天下大雪，遮掩了窦娥

尸首；楚州干旱三年。三桩誓愿构思奇异，出人意外，这一"反常"的现象，却表现了被压迫人民的愤怒和抗议，昭示了窦娥的冤屈，寄托了人民的愿望和理想。

《窦娥冤》是关汉卿的悲剧佳作，是我国古典戏曲悲剧的典范。700 多年来，它不仅成为我国戏曲舞台上的保留剧目，而且最早被译成法文、日文等流传国外。

《西厢记》

《西厢记》为王实甫的代表作。王实甫为元代大都（今北京）人，名德信（1260 – 1316）。

王实甫是中国文学史上最优秀的戏曲作家之一。著有杂剧 14 种：《西厢记》《双蕖怨》《丽春堂》《进梅谏》《明达卖子》《贩茶船》《于公高门》《丽春园》《七步成章》《多月亭》《陆绩怀橘》《芙蓉亭》《破窑记》。现存《西厢记》《丽春堂》《破窑记》，另外还存《芙蓉亭》《贩茶记》的片断。

《西厢记》的故事最早见于唐元稹所作传奇小说《莺莺传》（又名《会真记》），后被改编为多种文艺形式，在民间广为流传，最有影响的是产生于金代的董解元《西厢记诸宫调》。王实甫即在此基础上创作成杂剧《西厢记》。故事描写书生张珙在河中府普救寺遇见崔相国之女莺莺，二人一见倾心，经历种种波折，终于在侍女红娘的帮助下，冲破封建礼教的束缚而结合。作者热情地歌颂了为争取婚姻自由而斗争的男女青年，正面提出了"愿普天下有情的都成了眷属"的主张。从而得到当时广大市民阶层的欢迎和后世无数青年读者的喜爱，引起他们对于封建礼教和封建婚姻的不满和反抗。

知识小链接

传奇小说

传奇小说又称唐传奇，是我国古代文言短篇小说的一种，产生和流行于唐代。传奇小说是一种传录奇闻的文体，实际上是已具规模的小说。唐传奇不仅数量很多，而且内容精彩、故事动人、文辞华丽，有些作品确实具有极高的文学价值。

《西厢记》成功地塑造了崔莺莺、张生、红娘 3 个正面人物的形象。崔莺莺是相国的千金，她天生丽质，内向深沉。她虽然爱慕张生，然而这个贵族小姐深受严格的封建教养，要走上叛逆的道路，驱散封建礼教在她心灵深处所投下的阴影，是曲折和困难的。如张生病卧，莺莺让红娘去看望，这是莺莺对张生爱情的大胆流露；但当她看到张生通过红娘传来的书简时，又感到有损于自家的尊贵，而且有碍于红娘在旁，便声色俱厉地责骂红娘。事后，她让红娘给张生传去月下幽会的书简，当张生践约跳过花墙出现在她面前的时候，她又翻脸变卦。王实甫正是通过这些令人啼笑皆非的喜剧场面，深入而细致地剖析了莺莺的心理，把她在冲破封建礼教的束缚、争取婚姻自主的过程中，自身的痛苦、矛盾和斗争，真实、生动地展现出来，塑造了一个性格复杂的典型形象。

红娘是《西厢记》塑造的又一熠熠闪光的人物，她聪明、机智、爽朗、泼辣，富有正义感和同情心。她为莺莺和张生传书递简，牵针引线；帮他们出谋划策，玉成其事。当莺莺和张生的爱情受到严重威胁的时候，她挺身而出，抱打不平。《拷红》一场，充分表现了红娘的勇敢和机智，她抓住老夫人理亏的要害，伶牙俐齿，反守为攻，陈以大义，晓以利害，以子之矛攻子之盾，俊语联翩，竟把老夫人推到被审判的地位。貌似强大的老夫人终于败在了小奴婢红娘的手下，使崔、张爱情出现了新的转机。红娘的名字在我国几乎是妇孺皆知，已经成为热心助人、成人之好的媒人的代称了。

张生的形象也塑造得有血有肉，具有真情实感。他湖海飘零而很有才气，追求爱情如醉如痴。那天真、憨直中带着迂腐的书生气，给全剧带来了喜剧色彩。

此外，老夫人的虚伪、冷酷，纨绔子弟郑恒的无赖，也都刻画得非常逼真。剧中，崔莺莺、张生、红娘为一方与老夫人的矛盾斗争构成了全剧的主要戏剧冲突；而崔莺莺、张生、红娘之间不同性格的碰撞，又构成了全剧的次要冲突。全剧主要冲突和次要冲突交叉进行，生动而丰富；戏剧情节的递进反反复复，波澜迭起，显示了作者驾驭题材、谋篇布局的高度技巧。

《西厢记》词曲优美，宛如一首抒情剧诗。作者尤其擅长使用借景抒情的手法，让人物形象在诗情画意中展现。

剧中曲文情与景合，景因情现，充分展现出当事人那种肠断魂销的难舍之情，从而使全剧呈现出诗的氛围和意境，无论是案头阅读还是舞台演出，都有其特殊的艺术魅力。

《汉宫秋》

《汉宫秋》为马致远的力作。马致远，号东篱，大都（今北京）人，是"元曲四大家"之一。

马致远是元代颇负盛名的杂剧作家，又是著名的散曲作家，现存辑本《东篱乐府》一卷，计收小令104首，套数17套。

杂剧《汉宫秋》是他的代表作，写的是昭君和亲的故事，《汉书》的"元帝纪"和"匈奴传"、《后汉书·南匈奴传》均有记载。西汉竟宁元年（公元前33年），元帝以宫人王嫱（昭君）嫁匈奴呼韩邪单于为阏氏。昭君入匈奴，生二子。呼韩邪死，从成帝敕令，复为后单于阏氏。元帝时，汉强匈奴弱，昭君和亲是民族和睦的一个历史记录。

知识小链接

和 亲

　　和亲是两个不同民族或同一种族两个不同政权的首领之间出于"为我所用"的目的所进行的联姻，尽管双方和亲的最初动机不完全一致，但总的来看，都是为了避战言和，保持长久的和好。西汉为缓和与匈奴的紧张关系，嫁宗室之女与匈奴单于（首领）。

戏剧艺术

　　马致远的《汉宫秋》不拘泥于史实，在前人创作的基础上予以再创造。故事内容有很大变化，主要有三：第一，把故事发生的时代背景改为汉弱匈奴强；第二，将毛延寿的身份由画工改为中大夫，索贿未成，将王昭君的画图献给单于，并变节投降；第三，王昭君出塞行至黑河，投水而死。这便赋予了老题材以新主题。其原因是元蒙统治者推行民族歧视政策，汉人社会地位很低，马致远借敷衍王昭君的故事，张扬汉家气节，在当时特定的历史条件下，具有一定的现实意义。

　　《汉宫秋》以汉元帝为主角，以其钟情为基调，却成功地塑造了王昭君的形象。王昭君之所以出塞和番，为的是"怕江山有失"；临行时，她留下了汉家衣服；行至汉匈交界处投江而死。这些情节虽着墨不多，却表现了王昭君崇高的气节，使这一悲剧形象光彩照人。《汉宫秋》还借汉元帝之口，斥责了汉王朝昏庸无能的文臣武将，鞭挞了变节行为，表达了作家对软弱、妥协的宋、金臣僚的严厉批判。

　　《汉宫秋》曲词优美，富于浓郁的抒情意味，历来为人击节赞赏。

　　马致远的《汉宫秋》对明清时代戏曲作品中王昭君形象的塑造，有很大的影响。

《牡丹亭》

《牡丹亭》是汤显祖的成名作。汤显祖（1550—1616），明代戏曲作家，字义仍，号若士，江西临川人。出身于书香门第，自幼受到良好的教育，21岁中举，以出众的文学才能名扬天下。

《牡丹亭》描写南宋时期南安太守杜宝请塾师陈最良教女儿丽娘读经书，丽娘在封建礼法的拘束下，十分郁闷。一天，在侍女春香的怂恿下，她到后花园游春，梦中与书生柳梦梅幽会。从此忧思成疾，旋即去世。3年后，柳梦梅路过荒芜的花园，拾到了丽娘生前的自画像，深为爱慕，终日把玩，感动了丽娘死而复生，与柳梦梅结为夫妇，几经波折，最后柳梦梅中状元，杜丽娘也得到封赠。

《牡丹亭》的题材虽然是传统的爱情题材，但汤显祖却进行了新的开掘，使之具有鲜明的时代特征。明代统治阶级大力推崇程朱理学，扼杀社会的生机，妇女所受的封建礼教的禁锢尤为严重。《牡丹亭》满腔热情地歌颂了热爱自然、热爱人生、追求个性自由和爱情理想的真实感情，对虚伪残酷的理学发起了猛烈的抨击。作者以"情"来否定"理"，符合人民的利益和要求，表现了进步的时代潮流。剧中表现的民主性和人民性大大超过了同时代的爱情剧。

杜丽娘是"情"的化身，她生活在阴暗、冷酷的世界里，沉重的精神压迫无形而又有形，渗透于人的内心世界里，令人窒息。然而，她却是无情世界里的一个有情人物，古老的恋歌《关雎》，催发了丽娘潜伏在内心深处的爱情欲望。春光明媚的花园，充满生机的大自然，唤醒了她青春的活力。她遏制不住真情的奔放，对着封建专制主义提出了抗议。然而，杜丽娘毕竟是个贵族小姐，在反叛道路上的每一次行动，都晃动着沉重的精神枷锁。为了实现这一美好的愿望，她甚至奇迹般超越了生死界线。作者赋予杜丽娘的形象以深刻的思想内涵和激动人心的艺术力量，使她成为古典戏曲画廊中最为光彩夺目的妇女形象之一。

《牡丹亭》具有浓郁的浪漫主义色彩。作者在《题词》中写道："如丽娘者，乃可谓之有情人耳。情不知所起，一往而深。生者可以死，死可以生。生而不可与死，死而不可复生者，皆非情之至也。梦中之情，何必非真。天下岂少梦中之人耶。"为了歌颂至情，汤显祖不满足于按照生活的本来样子反映生活，特地设置了梦而死、死而生的离奇情节，创造了 3 种境界：有情的梦境，无情的人间，介乎二者之间——不如梦境美好却比人间亲切的幽冥世界。以此来深入挖掘人物的内心世界，把人们的视线从现实生活引向哲理的思考。

知识小链接

浪漫主义

浪漫主义是文艺的基本创作方法之一。作为创作方法，浪漫主义在反映客观现实上侧重从主观内心世界出发，抒发对理想世界的热烈追求，常用热情奔放的语言、瑰丽的想象和夸张的手法来塑造形象。

《牡丹亭》的词曲典雅优美，向来被视为文采派的圭臬。该剧在社会生活和文学创作中都产生了广泛而深远的影响。在明清两代不少与杜丽娘有着同样不幸的妇女，与剧中人产生了强烈的共鸣，乃至抑郁而死。多年来，《牡丹亭》久演不衰，其中《游园》《惊梦》《拾画》《叫画》，都是昆曲常演的经典曲目。

《桃花扇》

《桃花扇》是孔尚任的作品。孔尚任（1648—1718），清代戏曲作家，字聘之，又字季重，号东塘，别号岸堂，自署云亭山人。山东曲阜人，他是孔子第 64 代孙。早年曾隐居在曲阜县东北石门山中，闭门读书。康熙二十三年

（1684）由于他在清圣祖玄烨到曲阜祭孔时讲经受到赏识，被破格录用，任命为国子监博士。

　　除《桃花扇》外，孔尚任还和顾彩合写了《小忽雷》传奇。他不但是一位戏剧家，在诗文方面也很有成就，著有《湖海集》《岸堂文集》《长留集》等。

　　《桃花扇》传奇是写明末复社名士侯方域与秦淮名妓李香君互相爱慕，侯以题诗宫扇赠香君。阉党成员阮大铖欲结交侯方域，托杨龙友送去妆奁，被李香君坚决退还。后来侯方域遭阮大铖谗害，被迫离开南京，投奔扬州督师史可法。李自成攻陷北京，马士英、阮大铖等拥立福王得势，迫害复社诸人，并逼迫李香君嫁漕抚田仰。香君坚决不从，以头撞地，血溅宫扇，被杨龙友点染成一枝桃花。清兵南下，攻陷南京，李香君、侯方域在道观里相遇，被道士点化后，二人分手。

　　《桃花扇》通过李香君、侯方域悲欢离合的爱情故事，反映了南明昏王当朝、权奸掌柄、文争于内、武哄于外的腐败政治，揭示了南明王朝江河日下的趋势和必然灭亡的结局。作者在痛斥权奸误国的同时，热情地歌颂了为国奔波的下层人民。女主人公李香君虽然是个歌妓，然而见识和品格都在许多文人雅士之上。"却奁"一出中，她不为金钱所诱，责备侯方域的妥协企图。她不惧怕强权的压迫，"守楼"一出，阮大铖派遣凶徒冲入媚香楼，强迫香君嫁给田仰，香君誓死不从，以死相拼。"骂筵"一出，香君面对权奸，痛骂阮大铖、马士英，揭露了他们的丑恶面貌。这些光彩照人的情节，展现了李香君人品、操守和崇高的气节。另外，像出身卑贱的民间艺人苏昆生、柳敬亭，他们的一身正气和过人胆识也令人钦佩。这些都表现了作者朴素的民主思想倾向与鲜明的爱憎感情。剧中对抗清不遂、以身殉国的史可法的描写，沉郁悲壮，慷慨激昂，明显流露出作者的故国之思和亡国之痛，难怪会引起当时观众的强烈共鸣。

　　《桃花扇》是一出著名的历史悲剧，其主要人物和事迹，均有史料根据。

作者成功地将历史真实和艺术真实巧妙结合，成为我国古典历史剧创作的高峰。

戏剧艺术

知识小链接

历史剧

　　历史剧是以真实的历史人物、历史事件为题材，经过作者艺术加工编写而成的戏剧作品。历史剧的创作要对大量的历史资料进行分析、研究，在符合历史真实的基础上，选取具有典型意义的戏剧性事件，并适当地运用想象、虚构给予丰富和补充，构成戏剧冲突，再现一定历史时期的社会生活面貌。

　　要将广阔的历史画面和众多的人物形象缩结起来，是相当困难的。作者以深厚的功力和独到的构思，通过侯方域和李香君定情的一柄扇子，牵动了整个时代风云。从侯方域赠扇定情开始，经过"溅扇"、"寄扇"，直到最后张道士撕扇掷地作结，其中穿插牵连着众多的人物和事件。侯方域这条线，联结史可法、江北四镇以及驻守武昌的左良玉等人。李香君一线则以南京为中心，牵动弘光皇帝、马士英、阮大铖以及秦淮艺人等朝野人士。一把纤巧的"桃花扇"，把李香君和侯方域离合之情与国家兴亡之感纠结在一起，构成一个严谨的艺术整体，正所谓"南朝兴亡，遂系之桃花扇底"，足见作者概括生活的高超艺术能力和卓绝匠心。

　　多年以来，《桃花扇》曾被改编为多种戏曲剧本以及话剧、电影。对于结局，有的改编本做了不同的处理。

《梁山伯与祝英台》

　　梁山伯与祝英台的故事产生在1000多年前。它描写上虞祝家庄祝英台女扮男装赴杭府求学，途中与梁山伯结拜为兄弟，二人三载同窗，建立了深厚的情谊。祝英台的父亲催女儿返家，祝英台假借为小九妹做媒，自许终身。

数月后，梁山伯兴冲冲地到祝家庄求婚，不料祝英台的父亲已将她许配给马太守的儿子马文才，梁山伯悲愤而亡。马家迎亲之日，花轿经过梁山伯坟前，祝英台下轿祭奠，梁山伯坟墓豁裂，祝英台纵身跃入墓穴，双双化为彩蝶，在万花从中翩翩飞舞。

《梁祝》歌颂了梁山伯与祝英台坚贞不渝的爱情，对封建婚姻制度进行了有力的控诉。结尾"化蝶"具有浪漫主义精神，反映了人民的美好愿望，很符合中国人民的思想感情和审美习惯。剧中的"十八相送"、"楼台会"堪称艺术精品。"十八相送"中，艺术家们发挥了中国戏曲艺术时空自由的优势，运用了"流动空间"的处理方法，在几十平米的

你知道吗

我国四大民间传说

《梁山伯与祝英台》《白蛇传》《孟姜女》《牛郎织女》并称中国古代四大民间传说。其中，《梁祝》是唯一在世界上产生广泛影响的中国民间传说，被誉为爱情的千古绝唱，与《罗密欧与朱丽叶》齐名。

舞台上，为观众展现了一幅幅广阔的生活场景。从书馆到长亭之上，凤凰山、独木桥、水井、观音堂等一系列景物环境连续交替出现，多情的祝英台通过沿途的景物一次又一次地向梁山伯隐喻、暗示自己是个女子，大胆、真挚地向他表示爱情，但忠厚、朴实的梁山伯却始终不解其意。在妙趣横生的戏剧场景中，细腻地展现了梁祝二人的心理状态，刻画了人物性格。"楼台会"一场，梁山伯满怀希望访"九妹"，残酷的现实却给予他沉重的打击，梁山伯与祝英台深陷悲愤和痛苦之中，他们互相倾诉爱慕和思念之情，哀婉动人，催人泪下，使人们看到了封建家长制度活活将一对美满姻缘拆散，对这两个可爱的年轻人寄予了深切的同情，是这出悲剧的情感高潮。

《天仙配》

《天仙配》系黄梅戏作品,又名《七仙女下凡》,是黄梅戏早期积累的"三十六大本"之一。陆洪非据老艺人胡玉庭口述原本,并参考川剧、婺剧的《槐荫记》改编而成。

知识小链接

黄梅戏

黄梅戏为我国地方戏曲之一,旧称黄梅调或采茶戏,与京剧、越剧、评剧、豫剧并称中国五大剧种。它发源于湖北、安徽、江西三省交界处黄梅多云山,与鄂东和赣东北的采茶戏同出一源。黄梅戏唱腔淳朴流畅,以明快抒情见长;表演质朴细致,以真实活泼著称。

戏剧艺术

董永遇仙故事始自东汉末年。魏晋时,曹植的《灵芝篇》和干宝的《搜神记》里,有天帝助董永偿债,遣神女下凡,为之秉机的情节。

该剧描写农民董永卖身在傅员外家为奴。玉帝的第七个女儿不安于天庭寂寞,向往人间的幸福,因为同情董永的遭遇对他产生了爱情,私自下凡,在槐荫树下面与董永结成了夫妻。七仙女一夜之间织成了十匹云锦,使得傅家将3年长工改为100天。百日期满,夫妻双双喜回家园,憧憬着美满的未来。不料玉帝察知七仙女下凡,逼迫七仙女返回天庭。七仙女怕连累董永受害,忍痛在槐荫树下与他告别。此改编本剔除了原剧中封建性的糟粕,如:董永与七仙女的离合系由天定的宿命论思想,傅员外认董永为义子,董永与傅家小姐成婚的情节等,从而大大提高了剧本的思想性和艺术性。

《天仙配》是一出优美的神话剧,艺术家们以积极浪漫主义的精神,塑造了七仙女和董永的形象,歌颂了他们的结合和相互间生死不渝的感情,猛烈地抨击了封建专制主义,表达了人民群众追求幸福生活的渴望。七仙女是劳动人民崇高精神的具体体现，是人民的意志、愿望和理想的化身。她不是不食人间烟火的神女，而是一个勤劳善良、温柔贤淑、纺纱织布、操持家务的普普通通的农家妇女。剧中"路遇"、"分别"两场以浓墨重彩，细致地刻画了人物性格，抒发了人物的感情。"路遇"中，董永的忠厚、淳朴，七仙女追求幸福的泼辣、大胆皆跃然纸上。七仙女在槐荫树下初遇董永，她左拦右截，挡住董永的去路，向董永表示："我与你中途相遇，说将起来也是个缘分。"她直率地提出："只要大哥不嫌弃，我愿与你配成婚。""分别"一场，将一对恩爱夫妻生离死别的情感宣泄得淋漓尽致，愤怒地控诉了天庭的残暴，展现了七仙女美好的心灵。七仙女被迫返回天庭，不是惧怕玉帝的威慑，而是怕连累董永被碎尸万段。她深怕董永承受不住猝然骤变的打击，把悲痛藏在心里，一次次借景物作比喻，暗示董永，慢慢才露出真情。"路遇"、"分别"两场戏经常作为单折演出，其中一些唱段，如"树上的鸟儿成双对"等广为流传，甚至经常作为男女声对唱出现在音乐会上，可见其脍炙人口，深入人心。

动感的人体美

　　舞蹈是人类八大艺术之一，是于三度空间中以有节奏的身体动作为语言作交流的一种表达艺术，一般借助音乐，也借助其他的道具辅助表达。通常情况下，舞蹈演员要具备跳跃、旋转、翻腾、柔软、控制等高难度的技巧能力，借助这些肢体语言来表达思想感情、塑造人物性格和精神面貌。

舞蹈的艺术特征

◎ 舞蹈的空间造型性

空间造型是舞蹈肢体语言最本质的艺术特征之一，也是舞蹈艺术形象本身的审美内容之一。舞蹈艺术的空间造型性就体现了舞蹈动作的空间美。在舞蹈动作过程中，人体各部位不断变换着自己在空间中的位置（动作姿态、手势造型等），舞蹈队形（构图）则以多人在空间中的造型（平面或竖面）构成不同的大的空间位置，从而产生瞬间即逝的不同空间造型——空间美（前者如拉山膀、三道弯等，后者如圆环队形、龙摆尾队形等）。人们常说舞蹈艺术是流动的雕塑，也正是就这种意义而言。

> **拓展阅读**
>
> #### 肢体语言
>
> 肢体语言又称身体语言，是指通过头、眼、颈、手、肘、臂、身、胯、足等人体部位的协调活动来传达人物的思想，形象地借以表情达意的一种沟通方式。

可以这样说，雕塑将捕捉到的形象放大、变形、组合、浓聚，呈现出来后带有永恒性。作为人类审美的变化，雕塑是将物化材料（青铜、石等）依据美的理想而凝固起来，因此雕塑艺术是将瞬间即逝的形象凝聚成凝固的形象。与雕塑艺术不同，舞蹈是将生活中（或模拟物）的最美好的动作经过人体自身的放大、变形、组合、浓聚后再呈现出来，带有瞬间即逝的性质，因为它的物化材料是人体自身，所以舞蹈艺术是将人类理想的美"定格"于一瞬间的造型中。从本质上说，雕塑是空间艺术，舞蹈却是一种空间中的艺术

（时间—空间艺术）。

舞蹈肢体语言的动作造型来源于生活，譬如中国戏曲舞蹈中的卧鱼，起源于北方乡间村妇的坐炕纺棉花，而虎跳、商羊腿、蝎子步、拉山膀等，也都是对鸟兽动作和自然实物的模拟美化的结果。这种美化的舞蹈动作，以其空间的审美化位置给人以感官上的直观刺激，审美主体（观众）与审美对象（舞蹈动作）这种互为相关性，决定了舞蹈的动作空间造型表现出不同的民族审美风格，蕴含着不同的民族文化内容。譬如中国舞蹈动作审美要求上的拧、曲、圆，西方芭蕾动作审美要求的开、绷、直。即使是中国民族民间舞蹈，蒙古舞动作的开阔、北方秧歌动作的粗犷与江南民间舞蹈的秀巧，也都显出其地域文化内涵的差异。

知识小链接

卧　鱼

卧鱼又名卧云，戏曲表演程式动作，有正、反卧鱼两种。正卧鱼的动作为：踏右步，双抖袖，双翻袖，右手高，左手平，右腿往前伸出再往后绕，撇在左腿后，立稳，缓缓下蹲往右卧，背着地，压在右脚上，左手往后背，右手放在胸前。反卧鱼动作与正卧鱼动作相反。

◎ 舞蹈的运动审美感

舞蹈的空间造型体现了舞蹈的空间美，而舞蹈的动作过程中所呈现出来的运动审美感受则体现了舞蹈艺术的动态美。因而从另一种意义上，我们也可以说，空间美主要指舞蹈动作的空间意义，动态美则主要指舞蹈动作的时间意义，故而不具备审美的可逆性。换句话说，舞蹈艺术的动态美也就是舞蹈动作的运动性。舞蹈的动作姿态、手势造型、画面队形等依存时间的延续和空间位置的不断转换完成整个审美过程。

在这种意义上，雕塑艺术是取一个"切面"的体态造型来体现某一点的感情状态；舞蹈艺术则是取一个"长线"的体态造型来再现感情状态的变化过程。譬如一个动作组合"飞天十三响"，就要通过拉山膀、蹁腿、占步、托掌和"和弄豆汁"等动作组合连成。舞起来动作紧密不分，要求一气呵成，观众对"飞天十三响"这种身段组合的欣赏，也是在动作的流动过程中完成的。

如果说舞蹈艺术的空间美可比拟为单个"雕塑"美，那么，舞蹈艺术的动态美就是群体雕塑的联动之美。舞蹈动作空间美是舞蹈动态美的基础，舞蹈的动态美则是舞蹈形式美的构成要素。舞蹈"它自己从一种形状运动，转化成另一种形状……它是这种身体紧张形式在空间形成的创造和再创造物……在不断变化中，造成一种崇高境界的建筑物"。无疑，舞蹈的动态美具有音乐般的时间审美意义。舞蹈界普遍认为真正的舞蹈并不需要音乐，大概也正是在这种意义上的舞蹈认识。

◎ 舞蹈的韵律美感

舞蹈的韵律美感是从舞蹈的节奏意义上来说的。如果说，舞蹈的空间性和动态性主要就造型和运动而言，那么，韵律美则是舞蹈动作造型和运动的根本依存条件。在这种意义上，我们说，舞蹈的节奏性——韵律美是构成舞蹈艺术的最根本要素，在一定程度上甚至可以这样说，没有节奏就没有舞蹈。这是因为，在本

你知道吗

舞蹈是最古老的艺术

舞蹈是人类最早产生的艺术。在远古人类尚未产生语言以前，人们就用动作、姿态的变化来传达各种信息和进行情感、思想的交流。以后由各种声音发展成为语言和音调以后，才相继产生了诗歌和音乐，以后又诞生了绘画、雕刻、小说、戏剧等艺术形式。

质上舞蹈是一种人体运动的节奏体现。所以德国著名艺术史家格罗塞说:"舞蹈的特质是在动作上的节奏的调整,没有一种舞蹈是没有节奏的。"

舞蹈的韵律美是一种时间性审美,它是人的一切感觉器官对方向、速度、力度、幅度变化的反映。舞蹈中的音乐强化了舞蹈的节奏感,但音乐并不是舞蹈节奏本身。舞蹈的节奏是动作造型或队形变化在运动过程中有规律性的变化,这种规律性也就是符合人类审美经验的韵律美。譬如旋转动作,一般生活中的人体旋转是漫无规律的,但舞蹈中的旋转动作却是依据艺术的审美要求给予了编造,或快转,或慢转,或大转,或小转,或是快—慢—快等等,旋转变化的速度、力度和幅度都是人为安排的结果,具有强烈的审美倾向。

舞蹈节奏又可分为内节奏和外节奏两种。内节奏也可称作情感节奏,如欢快、忧愁、悲伤等感情变化在人体动作上的反应。内节奏是舞蹈演员表演的基础。但从另一种意义上来说,舞蹈艺术的内节奏,必须通过外节奏才能表现出来,而且只有这样也才具有舞蹈的意义。

外节奏可称作形式节奏,即舞蹈外形式的节奏表现。如动作的快慢、旋转的速度、跳跃的力度以及队形的开合变化等。一部舞蹈作品(无论是小品还是舞剧),其结构上的编排,如快—慢—快的三段体式,以及其他如交响式等,亦属节奏形式。

当然,舞蹈表演的韵律美不仅仅是单纯的有规律的动作,而是与节目内容紧紧黏附在一起。换句话说,舞蹈的节奏与一般自然界中对方向、速度、力度和幅度变化的感知并不相同,而是与表演感情融为一体,即韵律美为舞蹈的艺术本性所决定。例如舞蹈跳跃动作,缓慢、沉重的跳跃节奏,一般代表感情的凝重;轻巧、快速的跳跃,则一般表现情绪的喜悦。

可见,人类基本的艺术节奏感虽然根植于人类机体内部在生理上的有序知觉(对人自身与对人的一切生存环境),但却带上了强烈的感情再创造,而舞蹈表演的韵律美,正是这种艺术节奏感的最充分体现。

◎ 舞蹈的表情美感

舞蹈的形象是通过舞蹈语言（动作的运动）来体现的，而形象展示的终极意义在于感情，所以说舞蹈艺术的美学本质是抒情性的。

从审美上说，舞蹈艺术的抒情性本质是由其艺术样式本身所决定的。作为表现艺术，舞蹈是一种以表现人物主观情感为特征的艺术，它要求运用高度凝练的、程式化了的舞蹈语言，通过表达人们的内心情感活动变化来反映现实，在这一点上它与音乐相似。但舞蹈与主要用抽象的音调作为艺术手段的音乐不同的是，舞蹈通过人体形象而使其内容带有更多的模拟性，因而在一定程度上与戏剧等造型性的再现艺术有共同点。舞蹈种类中舞剧的产生无疑也是其自身这种美学倾向的结果，不过，即使是再现特征非常强烈的舞剧，其抒情性（舞蹈形象的感情美）也占据主导地位。

"歌以叙志，舞以宣情"是人类对舞蹈审美本质的一种共同认识。不过，除了舞剧之外，一般舞蹈形象的抒情性其指向是宽泛和多义的，即不表现特定对象的特定感情，而是一种类型性和概括性的情感（如一般的喜怒哀乐等）。譬如摘葡萄的欢悦之情（《摘葡萄》）、节日的喜庆之乐（《舞狮》）等等，这与中国传统戏曲中专指意义的舞蹈身段是不尽相同的（如戏曲中的走边、跑圆场等，均须服务于特定的角色和戏剧情景）。

即使对于舞剧艺术来说，虽然它具有很强的情节性和故事性，但也并不像话剧那样，直接去模拟或再现生活，而是通过对生活蓝本的提炼与加工，写意式地表现生活，着意于抒情述怀（如舞剧《胭脂扣》等）。也就是：在某种意义上，人的感情和某种意念的激发，到了不得不发的最高点时，也就必然会手舞足蹈——舞蹈起来。

舞蹈作品赏析

◎《丝路花雨》

《丝路花雨》是由甘肃省歌舞团创作并演出的一部饮誉中外的舞剧。1979年在首都舞台与观众见面之后，引起强烈反响。其后，便应邀在为数众多的国际舞台上表演，获得中外观众的一致好评。它那花雨漫天飞、仙女凌空舞的神奇美妙、别开生面的舞台画面，以及"扭腰"、"送胯"、"勾脚"，全身体态呈三道弯的"S"形舞姿，开拓了一个自成天地的动作体系，为"敦煌舞蹈"的研究提供了生动的形象基础。

知识小链接

舞 剧

舞剧是舞台剧本的一种，是以舞蹈作为主要表达手段的舞台艺术。舞剧由若干要素组成，其中最主要的是人物、事件、矛盾冲突。

《丝路花雨》属于传统的戏剧式"线形结构"样式，它的故事情节有头有尾，人物命运的演变贯穿全剧，全剧的铺展有开端、有发展、有高潮、有结局。但是《丝路花雨》的创作者们却在这司空见惯的结构样式中，创造出别具一格、独具魅力，既令专家称赞，又征服了一般观众的舞剧。

这以前的舞剧大多是神话传说、民间故事题材。《丝路花雨》则别开生面地以坐落在甘肃省的驰名中外的艺术宝库——莫高窟和穿越甘肃省的友谊通道——丝绸之路为背景，通过老画工神笔张和女儿英娘高超的技艺、悲欢离

合的命运，以及他们同波斯商人伊努思之间的深情厚谊，热情歌颂了我们祖先的创造才能和中外人民的传统友谊。"丝绸之路"是我国古代人民和其他各国人民友好交往的友谊长带。在这条友谊长带上，有许多可歌可泣的动人故事，被淹没在浩瀚的沙漠之中，为后人所不知或遗忘。《丝路花雨》突出而热情地赞颂了这种传统友谊，并赋予它新的含义，这对发展我国和世界其他各国的友好合作，增进各国人民之间的友谊，都具有积极的现实意义。在题材开掘上，该剧创造了一个"古为今用"的良好先例，采用了一个全新的题材，使观众在享受艺术美的同时受到了爱国主义和国际主义教育。

《丝路花雨》中的人物与莫高窟壁画中的"飞天"、"神女"朝夕相处，由于神笔张和英娘对艺术的忠诚与热爱，这些千秋寂寞的画中人具有了活生生的气息。她们与剧中主人公的命运交织在一起，人与画的关系十分密切。剧中许多场面和舞段都是因画而起舞，因舞而有画。画舞交融，互相辉映，使舞剧充满了神奇色彩。特别是在序幕和尾声中，那"天衣飞扬，满壁风动"的"飞天"在太空中自由飞翔的形象，唤起观众无限遐想和万般思绪。整个舞剧是一幅色彩浓烈的画卷：沙漠古道，驼铃叮咚，红柳城堞，洞窟"飞天"，把人们引入了"丝绸之路"的特定环境，而隆盛的二十七国交易会，更使人看到盛唐之盛及丝绸之路当年的繁华，使观众在对过去美好的回顾中产生了建设美好未来的信心和力量。此剧被人们赞为"富有想象力的艺术构思"。

◎《敦煌彩塑》

《敦煌彩塑》取材于500多幅敦煌壁画，将深藏于千年石窟的彩绘塑像，以舞蹈的手段演化成活生生的舞蹈形象呈现于舞台。

舞蹈作品分为3段。第一段：随着悠扬的乐声，在幽暗的灯光下，舞台的中间形成一个高三米的洞穴，四周缭绕着淡淡的青烟，一幅壁画彩塑直立其中，她体态端庄、表情肃穆、造型稳定，一幅仙境一般的图画展现在观众面前。灯光渐亮，塑像活起来，她轻舒纤细秀丽的双臂，眺望美好的人间，心花怒放，一步步走出洞壁，奔向人间，时而合掌，时而摊掌，时而立掌，时而托掌，以及其"三道弯"的体态，向观众展示了东方女性的温、婉、庄、静。

第二段：随着快板音乐的出现，舞者尽情展露着其蓬勃的朝气和欢愉的心情。作者创编了一组错步凌空跳跃和一串连续高速旋转的舞蹈语言，配以"反弹琵琶"、"三道弯"的姿态，将舞蹈推向了高潮。这是刚、柔、曲、雅韵味之融合，是动中有静、静中有舞的画面。

第三段：随着音乐渐缓、灯光渐暗，舞者又回到了洞窟，一切又回复如初，仿佛又把观众带回到那如梦似幻的仙境天国。

拓展阅读

敦煌壁画

敦煌壁画包括敦煌莫高窟、西千佛洞、安西榆林窟等石窟壁画五万多平方米。敦煌壁画是敦煌艺术的主要组成部分，规模巨大，技艺精湛，内容丰富多彩。敦煌壁画主要内容是"描写"神的形象、神的活动、神与神的关系以及神与人的关系，具有与世俗绘画不同的特征。

此舞构思严谨，层次清晰，是三段体结构。第一段为慢板，表现出少女的温婉、端庄。第二段为快板，动作活泼，表现少女的欢快，在情绪上与第一段形成鲜明的对比。第三段是第一段的再现。这种以首尾呼应步步递进的结构形式，具有区别于其他舞蹈艺术的个性。

它大量吸收了敦煌壁画的原始形态，加以变形重组，以敦煌舞姿特有的S曲线形式进行创作、表演，使作品迸发出浓厚的民族传统气息。它集姿态美、流动美、线条美、结构美于一身，显示出耐人回味的艺术魅力。

动感的人体美

◎《木兰归》

《木兰归》根据著名叙事诗《木兰辞》、豫剧《花木兰》中的情节和人物形象创作改编，成功地塑造了巾帼英雄花木兰的舞蹈形象。

舞蹈开始，随着马声长嘶之后，舞者女扮男装，穿一身红色战服，好似一匹"红骏马"，一个空翻接前踹燕上场，180 度的旁拉腿，这一系列动作，把花木兰英姿飒爽的形象展现在观众面前。作者运用中国戏曲舞蹈中的抖腕、剑指、刺、穿、抹，结合脚下的掰扣步、蹉步、点步、跺步，使舞者充满了阳刚之气，刻画了一个归心似箭、纵马奔驰的将军形象。随着歌声的停止，音乐转欢快，"登山步"、"大踢腿"、探海翻身，腰、胯大幅度环动等动作，表现了花木兰急切归家的心情。歌声再现，"兰花指"手抹圆，身体的含、拧加花旦步法，展示了花木兰改换女装后那种喜悦心情和妩媚姿色，点翻身接转踹燕下场，给人们留下无穷的回味与遐想。

此舞点、线分明又互相联系，在强烈而有规律的节奏行进中，使古典神韵穿行其间，突然的闪凝、断顿，突出了"点"；在闪凝、断顿之后的气韵连绵，一气贯注，又强化了"线"。

它取材于叙事诗和豫剧，但不设置情节，而是充分发挥了舞蹈的抒情特长，着力于性格、心理的刻画。用了豫剧唱段的音乐，但不图解歌词，而是在舞蹈动作和音乐的有机结合中塑造花木兰的形象，达到了简洁集中的表现效果。

◎《雀之灵》

《雀之灵》在傣族舞蹈基本动作的基础上注入了现代意识，通过对孔雀灵性的刻画，寄寓了傣族人民对和平、幸福、美满生活的向往之情。

一只洁白的孔雀飞来，迎着晨曦，踏着露珠。舞者以轻柔细腻的手指、腕、腰的动作和肩、胸各部位伸展的舞姿，展现了生命的苏醒。白孔雀以高雅的舞步随风起舞，她展开缀着金色羽毛的雀尾，时而寻觅，时而戏水，时而俯身畅饮，时而宁静伫立，时而飞旋身姿。她欢跃着，展翅飞翔，把舞蹈推向高潮。最后她美丽的倩影，映射在初升的太阳的圆形光环之中。那高洁、纯真和富有生命激情的形象，是真、善、美的化身。

作品不是简单地继承傣族孔雀舞，而是抓住傣族舞蹈的内在律动，进行了大胆的创新。动作更舒展、奔放、挺拔，更富有灵动的节奏韵律。独特的手臂、肩、胸、头部和腿的闪烁性的动作，突出了孔雀的灵气和生命的活力。舞者修长柔韧的臂膀姿态和灵活变幻的手指造型，创造了

拓展阅读

傣族舞蹈

傣族舞蹈的动作节奏较为平缓，但外柔内刚，充满着内在的力量。舞蹈种类包括表演性舞蹈、祭祀性舞蹈、武术性舞蹈等多种形式。

动感的人体美

孔雀引颈昂首的直观形象，蕴含着勃发向上的精神。手臂关节魔术般有层次地节节律动，将孔雀的机敏、灵活、精巧的神韵尽情显露。舞者无论是在创作上，还是在表演中，都把自己的生命体验和真切动人的情感与舞蹈美融为一体，达到了极高的艺术境界。

◎《千手观音》

《千手观音》于2007年中央电视台春节联欢晚会上由中国残疾人艺术团表演，首次与全国观众见面。一经演出，舞惊四座，舞惊全国，舞惊世界多个国家一流剧场的观众，成为久演不衰的经典保留作品。

它是那样的空灵，又是那样的具体；它是那样的单纯，又是那样的丰富；它是那样的悠远，又是那样的亲近。

观音菩萨是佛教诸神中在中国民间影响最大、信众最多的一尊菩萨。她倒驾慈航，洒甘露，滋润众生；她除妖魔，降鬼邪，其人间太平的神圣使命

可谓深入人心、妇孺皆知。作品以美丽、善良的少女群像呈现于舞台，与观众心目中的观音形象相叠印，使观众直观地、亲切地接受这一群人化了的观音、神化了的少女。《千手观音》的成功与此有莫大的关系。

既然是"千手观音"，当然要在"千手"上做文章，可贵的是，这篇"文章"做得如此丰满、如此精致、如此尽兴，使人久读不倦。铿锵有力的手臂、造型生动的画面、绚丽多彩的灯光、快捷变化的速度、万花筒般在瞬间造出的舞台效果，让观众感受到"千手"的神奇美妙和神的威力。

生活在无声世界的姑娘们，不受世俗噪音的干扰，有着聪慧的悟性，心无杂念地体悟着观音的慈悲和仁爱；以安静的心境传达作品的主旨，以无私的勤奋练成整齐划一的动作，以尊敬不懈的心态面对观众，面对每一次表演的重复。"静"、"净"、"敬"3个字是艺术表演状态的最佳境界，也是很难企及的境界，《千手观音》的姑娘们为此做出了最好的表率。

就这样，方方面面的原因使《千手观音》成为经典。

◎《天鹅湖》

一个多世纪以来，《天鹅湖》这出古典芭蕾舞剧的扛鼎之作，一直以其诗情画意般的舞蹈段落、单纯凝练的童话故事、圣洁之至的天鹅短裙、对比照应的仙凡场面、沁人肺腑的音乐旋律，超越了种族、肤色、语言、性别、宗教信仰、意识形态等各种障碍，用真、善、美的舞蹈形象，征服了世界各地的观众。

知识小链接

芭蕾舞剧

芭蕾舞剧是综合音乐、美术、舞蹈于同一舞台空间的戏剧艺术形式，是由舞蹈演员身着剧装在音乐伴奏下表演的戏剧。芭蕾舞剧起源于文艺复兴时期的意大利，后传入法国获得极大发展。

《天鹅湖》由柴科夫斯基作曲。目前流行于世界各地的《天鹅湖》演出版本，编导是佩蒂帕和伊万诺夫，1895年首演于圣彼得堡。

全剧共分4幕加尾声。开幕前的《序曲》将人们带到大自然中，静静的天鹅湖水面上，波光粼粼，一群端庄娴静的"天鹅"缓缓游来，领头的"白天鹅"头戴金冠，显得格外高贵圣洁。随着木管奏出的"白天鹅主题"，弦乐发出踌躇不前的忧郁，接着是铙钹轰鸣，小号呐喊，预示着一场悲剧正在酝酿之中。这段序曲虽然不长，却浓缩了全剧的情节线索和艺术风格，不仅为整部剧点了题，更让人产生美丽的遐想。

全剧有好多精彩的舞段：第二幕奥杰塔与王子互诉衷肠的《白天鹅双人舞》、天真活泼的《四小天鹅舞》，第三幕中奥吉利娅诱惑王子的《黑天鹅双人舞》、西班牙《斗牛士舞》、意大利《那不勒斯舞》、匈牙利《恰而达什舞》、波兰《玛祖卡舞》……这些舞段都有令人叫绝的技巧，有细微丰富的情感，有热烈奔放的气氛，有个性鲜明的民族风情，让人赞赏不已，过目难忘。

佩蒂帕和伊万诺夫版的《天鹅湖》的舞蹈设计，打破了过去的以呈现舞蹈家纯熟技巧为主的编舞观念，出色地体现了柴科夫斯基音乐的精髓，使舞蹈和音乐有机地结合在一起，把舞剧提高到塑造富有深刻内容的艺术形象的水平。

剧中创造性地设计出象征白天鹅形象的"主导动作"。高傲的阿拉贝斯克（舞姿为单腿半蹲或直立，另一腿往后伸直，与支撑腿成直角）伴随着不屈地向上飞跃的舞姿；两臂波动，两腿带着身体平稳地旋转；翻动手掌挡住脸部，回避别人的目光。这些基本舞姿随着剧情的发展而重现和变化，生动地展示了白天鹅的性格、心理。

此剧运用了舞蹈的场面多层次结构，使过去的简单群舞转向了更丰富复杂的形式。双人舞和群舞结合，群舞糅入男女主角的舞蹈之中。如同音乐中的多声部，在运用造型主导动机的同时，把群舞纳入合唱伴奏地位，让他们对主人公的情感起到积极的反响作用。这种用群舞的动作变化来烘托主人公的情感起伏的做法，开创了舞剧编导的新局面。

《天鹅湖》在色彩上突出了白色基调。在单纯而透明的白色基调中，王子与奥杰塔的纯真爱情主题得以充分烘托。在各个舞段中，白色的基调使《白天鹅双人舞》既雍容高贵又超凡脱俗，使《四小天鹅舞》活泼可爱并单纯清丽，使《天鹅大群舞》在整齐和谐中更仙气荡漾。

从音乐上看，《天鹅湖》的成功，标志着世界第一流作曲家在舞剧音乐领域里，第一次创作出了一部可与歌剧、交响乐经典作品相媲美的作品，把舞剧音乐的水平提高到了与歌剧、交响乐并驾齐驱的地位。柴科夫斯基成功地运用了标题交响乐的创作原则，塑造出了表现特定内容的音乐形象。"白天鹅主题"贯穿全剧，是《天鹅湖》音乐的核心。白天鹅的温柔、优雅、楚楚动人，和她的孤傲、喜悦、忧伤、痛苦，在音乐中起伏跌宕。白天鹅与王子双人舞时，小提琴与大提琴的高、低音区的呼应，好似歌剧里的二重唱。《四小天鹅舞》节奏轻快有弹性，曲调诙谐逗人。《三大天鹅舞》旋律典雅高贵又舒展流畅。作曲家以真挚动人的旋律、如泣如诉的歌唱性乐句等多种多样的音乐手段，刻画出不同的性格，展开戏剧冲突，深化了舞剧主题。

◎《睡美人》

《睡美人》讲述的是发生在17世纪法国王宫中的一段神奇的故事。

在为公主奥罗拉举行洗礼仪式时，恶魔仙女卡拉包丝由于未受邀请心中嫉恨，于是对公主念了毒咒。为了不让毒咒生效，公主的教母丁香仙女把这种能置人于死命的毒咒转换成了百年的长眠。当公主奥罗拉长成为一名美丽的少女时，恶魔仙女卡拉包丝的毒咒应验了，丁香仙女的解咒也随之生效，百年的长眠使公主奥罗拉免于一死。

在这百年的沉睡中，丁香仙女不远万里为公主寻觅神圣的爱的力量，来唤醒沉睡的公主。最后英俊潇洒的王子菲列蒙德在仙女的指引下，遇见了沉睡的美丽的奥罗拉公主，并一见钟情爱上了她。在伟大的爱情力量的帮助下，他战胜了重重困难，并以神圣的一吻唤醒了沉睡百年的公主。整个王国苏醒了，在一场盛大的婚礼中，这对有情人终成眷属。

《睡美人》的编导是俄国最杰出的芭蕾舞大师马留斯·彼季帕。彼季帕以他那非凡的舞蹈创作能力和音乐阐释能力，及他那用人体动作舞蹈造型来表达人们丰富情感的独特艺术手段，使得《睡美人》被赞誉为"古典芭蕾的巅峰之作"。

在芭蕾舞剧《睡美人》中有许多经典的舞段，像第一幕中《玫瑰慢板》及以后的《婚礼双人舞》《蓝鸟双人舞》《花环华尔兹》等。有些段落一直是国际芭蕾比赛上的必选节目。它们充分显示了芭蕾艺术的气韵与动感、协调与平衡，给人们以无限的美的享受。

《睡美人》的音乐也同样精彩至极，是大名鼎鼎的俄国作曲家柴科夫斯基的又一巅峰之作。柴科夫斯基曾在写给好友梅克夫人的信中说道："……我似乎认为这部芭蕾音乐是我最佳的创作了。主题是如此富有诗意，如此富有乐感，我以极大的热诚写它，一部有价值的乐曲就需依赖这种热诚。"正是基于这种热诚，《睡美人》的音乐才得以流芳百世。比如选自第一幕的那段圆舞曲已成为世界最著名的圆舞曲之一。

知识小链接

圆舞曲

圆舞曲有时音译为"华尔兹"，最初是奥地利的一种民间舞曲，18世纪后半叶用于社交舞会，19世纪开始流行于西欧各国。它采用3/4拍，强调第一拍上的重音，旋律流畅，节奏明显，伴奏中每小节仅用一个和弦，由于舞蹈时需由两个人成对旋转，因而被称为圆舞曲。

另外，芭蕾舞剧《睡美人》不仅舞蹈优美、音乐好听，而且还以服装、道具、布景、灯光奢华辉煌著称。

动感的人体美

100多年来，芭蕾舞剧《睡美人》以其震撼人心的音乐，气势恢弘的舞蹈，雍容华贵的服装，奢华灿烂的布景，创造出了空前绝后的剧场舞蹈奇观，吸引了各国的舞蹈家和观众们。《睡美人》虽属于"古典芭蕾"的经典代表，但经过现代的包装与演绎，使得这部有些凝重的芭蕾舞剧，又平添了华丽的现代气息，传神地表达了光明战胜黑暗、正义战胜邪恶及对忠贞爱情的讴歌，给人一种耳目一新的感觉。

◎《胡桃夹子》

《胡桃夹子》是世界上最优秀的芭蕾舞剧之一，它之所以能吸引千千万万的观众，一方面是由于它有华丽壮观的场面、诙谐有趣的表演，但更重要的原因是柴科夫斯基的音乐赋予舞剧以强烈的感染力。《胡桃夹子》剧本是根据德国名作家霍夫曼的童话《胡桃夹子和鼠王》改编的，全剧共分两幕，描绘了儿童的独特天地。舞剧的音乐充满了单纯而神秘的神话色彩，具有强烈的儿童音乐特色。

剧情大致为：圣诞节，女孩玛丽得到一只胡桃夹子。夜晚，她梦见这胡桃夹子变成了一位王子，领着她的一群玩具同老鼠兵作战。后来又把她带到果酱山，受到糖果仙子的欢迎，享受了一次玩具、舞蹈和盛宴的快乐。

《胡桃夹子》是典型的柴科夫斯基后期作品，精巧地使用弦乐，使作品的背景光彩闪耀，而且展现出一般乐曲少见的逼真写实，尤其是《雪花圆舞曲》中的童声，和第一幕其他乐曲中的儿童乐器。为传统乐器所谱写的音乐，也是创意十足。尤其是第二幕的插曲，以西班牙舞代表巧克力，以阿拉伯舞代表咖啡，以中国舞代表茶；但全曲最美妙之处仍在《糖梅仙子之舞》中钢琴独奏，依照剧本的描写，迷人地暗示出水滴"从喷泉中溅出"。

在旋律较为平淡的地方，柴科夫斯基的处理方式仍然杰出。第二幕《双人舞》的动机不过是一个简单的下降音阶，然而和声与分句方式以及温暖的弦乐音色，赋予它强大的情感。柴科夫斯基的管弦乐在序曲中超越了题材：

不用大提琴和低音乐器，而以小提琴和中提琴来划分 6 个声部，他加进三角铁和短笛来模拟古典乐派乐团的声音。这首序曲闪闪发亮、充满童趣，规模虽不大，却充满清亮的音色，正适合圣诞夜前夕。

◎《春之祭》

芭蕾舞剧《春之祭》1913 年首演于法国巴黎。最初是音乐家斯特拉文斯基和考古学家诺尔利奇在 1910 年开始创作的，打算命名为《最大牺牲》，舞蹈试图表现"史前斯拉夫民族的这种精神"。

舞剧描述的是远古蒙昧时期，原始宗教统治下的俄罗斯部落一年一度用活人做牺牲，祭奉大地之神的故事。第一幕为《大地》。早晨，在布满石堆的荒野上，少女们围绕坐着的长老恭顺地舞蹈。长老带着少女移向象征原始宗教的神圣石堆。音乐与舞蹈都表现出对大自然的敬畏。青年们参加进来，他们与少女的舞蹈表现了青春热情的爆发，不时穿插着部族间青年的比武、竞技。长老们一再制止，青年们跪倒在地，膜拜大地。待舞蹈再起时，仿佛从大地获得新的伟力，愈来愈狂热，再次推向高潮。第二幕为《献祭》。傍晚，少女们围着长者坐在火堆旁，其中一人将被挑选出来，舞蹈至死，作为献给大地的祭礼。少女们跳起神秘的圆舞，长者把纱巾一再抛向空中，终于罩到了一个少女的头上，她被选中了！在赞美牺牲的群舞之后，入选少女的独舞开始，音乐和舞蹈都显出野性和疯狂。受她的吸引，整个部族都陷入了可怕的狂舞，大自然的力量已经使得他们不能自主。少女更是被这种力量一再推向癫狂，最后她耗尽全部精力，倒下死去。男子们把她的尸体举过头顶，走向石堆。人们高举双臂绕着她奔跑之后，最后随着强有力的乐声匍匐于地。

《春之祭》在舞蹈编导上，作者极力排斥古典芭蕾的外开性，采用了许多手足向内勾的舞蹈动作，以表示原始的、史前的形态。舞步尤其简单，基本上是平稳地行走或踩脚；更多地用双脚腾空跳跃，毫无控制地落地。它的首次演出主要由于编舞的不成功而失败。我们现在能够看到的是重新编排的

动感的人体美

舞蹈。

斯特拉文斯基在《春之祭》的音乐中，为了加强音乐作品的独创性和原始性魅力，使用了大量的民歌调及五拍子、七拍子以至十一拍子等数学式节奏和不和谐音，全曲由两部分组成，分 14 段分曲。《春之祭》是音乐史上的一次革新。特别是那不和谐和弦以及强烈的节奏，使斯特拉文斯基被称为先锋派作曲家的闯将，这部作品也被视为音乐史上的里程碑。

◎《唐·吉诃德》

双人舞芭蕾舞剧《唐·吉诃德》之所以享有盛名，除了舞剧总体设计方面的成功之外，很大程度上是由于它有着极为壮丽的双人舞。

《唐·吉诃德》中最重要的双人舞是第四幕中季德丽亚和理发师贝西琉用以庆贺他们的订婚而表演的舞段。它以优美的圆舞曲开始，旋律清新悦耳；然后是抒情的慢板音乐，男女演员共同表演着慢板舞；随后又是男子独舞，这段音乐是短小的圆舞曲；接着是女子独舞，是活泼的双拍子舞蹈，女演员一手持扇子，另一手叉腰，跳起小快板似的舞蹈；末尾逐渐加快，进入尾声，男演员参加进来，以双人舞结束。这段大型双人舞与音乐融为一体，并富有西班牙民族风格；演员的动作有慢有快，有动有静，将芭蕾的技巧发挥得淋漓尽致。正因如此，它被列为国际芭蕾舞比赛的重要节目，许多演员在这段双人舞的表演上大显身手，名扬四海。

群众性舞蹈

◎伦巴舞

伦巴舞是交际舞的一种，起源于古巴黑人民间舞，20 世纪初流行于全世界。它的基本特点是男女双人合舞,舞者上身挺直,臀部微微左右扭摆,舞步为每一小节跳三步,即向两旁两个快步,向前一个慢步,快乐而活泼。基本节奏为4/4拍子,其模式为‖:××××××:,并有明显的切分音。伦巴的风格粗犷,带有扭摆的动作。舞会上的伦巴舞以古巴的伦巴为基础。开始先用于舞台表演,后来发展为交际舞。力度较小的、喧闹的古巴伦巴舞,常在酒店及类似场合表演。1930年后逐渐流行于美国、欧洲及其他各地。"伦巴"一词偶尔也泛指其他有同样节奏的古巴舞蹈。

动感的人体美

知识小链接

交际舞

交际舞又叫交谊舞、舞厅舞、舞会舞等,是起源于西方的国际性的社交舞蹈。自16、17世纪起,交际舞已在欧洲各国成为一种普遍的社交活动,故有"世界语言"之称。到20世纪20年代以后,交际舞在世界各地风行起来,所以又称它为"国际舞"。

◎ 爵士舞

爵士舞起源于美国,是美国黑人舞蹈。第一次世界大战前在美国发展起来,战后传到了欧洲。它的格言是"只是为了欢笑"。20世纪20年代爵士舞风靡一时。爵士舞是随着爵士乐而发展起来的,这种令人振奋的具有即兴风格的音乐,融合了古老的黑人文化和欧洲文化,始于街头乐队和小酒馆。在音乐线条上具有某些冲淡了的布鲁斯音乐的特征。其和声结构简单,基本上保持了进行曲的格式。有评价认为它是美国对世界艺术最大的贡献,是"宗教改革以来全世界所产生的最令人惊异的自发音乐事件"。拉威尔甚至说:"爵士乐是今天一切作曲家的活生生的灵感的源泉。"但也有人提出异议。

　　爵士舞采用切分节奏使全身和脚一起动作起来，舞蹈者的身体表现出一种稠密的、富有激情的节奏和直率的、性感的动作。舞蹈时步伐灵活，情绪兴奋，舞蹈者碎抖地扭动臀部，风格鲜明。

知识小链接

布鲁斯音乐

　　在英语中，布鲁斯是蓝色的意思，隐喻情绪低调、忧伤、忧郁，是美国南北战争后，在黑人民间产生的一种演唱形式，它与黑人在劳动时集体合唱的无伴奏歌曲有着一脉相承的关系。布鲁斯对后来美国和西方流行音乐有非常大的影响，爵士乐、大乐队、摇滚乐、乡村音乐和普通的流行歌曲，甚至现代的古典音乐中都含有布鲁斯的因素或者是从布鲁斯发展而来的。

◎ 华尔兹

　　华尔兹是舞厅舞中最早的也是生命力非常强的自娱舞形式，亦称圆舞。"华尔兹"一词最初来自古德文 Walzer，意思是"滚动"、"旋转"或"滑动"。

　　华尔兹根据速度分为快慢两种，人们把快华尔兹称为维也纳华尔兹，而不冠以"维也纳"3 个字的即慢华尔兹，它是由维也纳华尔兹演变而来的。作为三步舞的华尔兹，其基本步法为一拍跳一步，每小节三拍跳三步，但也有一小节跳两步或四步的特定舞步。

　　快慢两种华尔兹都以旋转为主，因而有"圆舞"之称。华尔兹因速度慢，除多用旋转外，还演变出复杂多姿的舞步，其中有不少舞步在步法上与探戈、狐步舞和快步舞的同名舞步基本相同，只是节奏和风格不同。再加四大技巧在华尔兹中得到全面和充分的体现，所以它被列为学习国标舞的第一舞种。

　　华尔兹舞步在速度缓慢的三拍子舞曲中流畅地运行，因有明显的升降动作而如一起一伏连绵不断的波涛，加上轻柔灵巧的倾斜、摆荡、反身和旋转动作以及各种优美的造型，使其具有既庄重典雅、舒展大方，又华丽多姿、飘逸欲仙的独特风韵。它因此而享有"舞中之后"的美称。

华尔兹舞的深得人心与其音乐的轻松流畅密不可分。两位奥地利大作曲家弗朗兹·兰纳和约翰·斯特芬斯的贡献是华尔兹舞蹈史书中的一个重要部分。由他们创造的威尼斯华尔兹标准节奏是每分钟 55～60 拍的快速度，非常适合现代人的口味。

美国人对华尔兹舞发展的贡献在于波士顿舞与踌躇舞两种华尔兹的变体。前者节奏徐缓，舞步修长，前后方向的动作较多；后者速度比较缓慢，三拍子才跳一步。

◎ 探 戈

探戈是一种双人舞蹈，源于非洲，但流行于阿根廷。伴奏音乐为 2/4 拍，但是顿挫感非常强烈的断奏式演奏，因此在实际演奏时，将每个四分音符化为两个八分音符，使每一小节有 4 个八分音符。

探戈是国际标准舞大赛的正式项目之一。跳探戈舞时，男女双方的组合姿势和其他摩登舞略有区别，叫作"探戈定位"，双方靠得较紧，男士搂抱的右臂和女士的左臂都要更向里一些，身体要相互接触，重心偏移，男士主要在右脚，女士在左脚。男女双方不对视，定位时男女双方都向自己的左侧看。探戈音乐节奏明快，独特的切分音为它鲜明的特征。舞步华丽高雅、热烈狂放且变化无穷，交叉步、踢腿、跳跃、旋转令人眼花缭乱。演唱者时而激越奔放，时而如泣如诉，或嫉世愤俗，或感时伤怀。歌词大量采用街巷俚语。跳舞时，男士打领结，穿深色晚礼服，女士着一侧高开叉的长裙。

探戈据说起源于情人之间的秘密舞蹈，所以男士原来跳舞时都佩带短刀，现在虽然不佩带短刀，但舞蹈者必须表情严肃，表现出东张西望、提防被人发现的表情。其他种舞蹈跳舞时都要面带微笑，唯有跳探戈时不得微笑，表

动感的人体美

情要严肃。探戈舞的肢体语言非常丰富，但目前应用于体育舞蹈比赛中经规范了的探戈舞已经比阿根廷本地的探戈舞简单多了。

世界五大探戈类型：

阿根廷探戈：

阿根廷探戈是流行于现今的各类探戈的祖源。在阿根廷首都布宜诺斯艾利斯，探戈代表了阿根廷的草根性，但它不是休闲的一种，已是文化的一种。早期它不称探戈，而称为 Milonga，它是由众多阿根廷民族舞蹈之一演变而来。此舞蹈的出处备受当时民众的排斥，一称中下阶级之色情媒介舞蹈，一称此舞蹈为男同志间的舞蹈。

或许因其隐藏在舞蹈中的热情，化解了社会的冷漠和民众冰冷封闭的心，不但阿根廷接受了，而且全世界都拥抱了探戈。如今阿根廷探戈备受尊崇，研究与开办之组织与社团，是各类舞蹈中的翘楚，下至社区阿根廷探戈舞蹈教室，上至美国百老汇剧院，舞迹可说无所不在。

英式探戈：

英国人的探戈，异于华尔兹之握持。阿根廷探戈独特的贴脸靠肩握持，加上舞步中男女四腿的纠缠环绕，在自傲清高的英国人眼中，被画上了色情的等号，因而遭到排斥。

直至 1907 年，英国伦敦才肯认定阿根廷探戈是社交舞蹈的一种。到了1920 年左右，给予了制式化，由于其制式模板的发行，在推广上势如破竹。从此在阿根廷人眼中的异种探戈"英式探戈"，逐渐取代了"探戈"这两个字。

美式探戈：

在民族大熔炉的美国，由阿根廷探戈发展成美式探戈是不可避免的。美式探戈初期，其上身握持较接近阿根廷式，但腰腿脚四部之动作较属改良式，而舞步移动同英式探戈般，舍弃了原地彼此对绕，多采用大步移动的方式。

美式探戈也因英式探戈的流行，在握持与舞步上已产生偏向英式探戈的趋势。传统的美式探戈，在好莱坞电影中可窥一二。在影片中，导演往往让冷漠的美艳女主角，经由探戈舞的阳性自大热情而投向对方。

台湾探戈：

朝鲜战争至越南战争期间，由驻台美军所引进，换言之，美式探戈是台湾探戈之前身，经由台湾舞者的自创与变化，产生了属于中国台湾的探戈，也因此，台湾探戈中嗅不到阿根廷探戈的浪漫热情。而握持因民风相异而不同，除手背有接触外，其余均不接触；不过舞步的多样化、复杂化是台湾探戈的特色。

可贵的是台湾探戈与本土音乐的节拍与速度，相互嵌合而自成一格，也因这点，台湾探戈可名列五大探戈之一。

竞技型探戈：

竞技型探戈是以英式探戈为根基的，但在握持上渐有脱离旧有英式探戈方式而采取较夸张的态势；基础舞步上保有英式的架构，但在竞技舞步的排序与音乐变化上，与传统英式探戈迥异，但其效果却是爆发性地吸引人；抛头顿足是其特色，也是传统阿根廷探戈爱好者嗤之以鼻的动作。

◎ 水兵舞

水兵舞又叫拉手，六步，也叫吉特巴或拉六步，这种舞无论是舞蹈的风格，还是对舞姿的要求，与别的交谊舞都有很大的区别。

水兵舞原来是美国军舰上的水兵跳的一种舞蹈，最开始是两位男士对跳。随着美国海军的远征，水兵舞也被带到了世界各地，并成为男女对跳的一种舞蹈。

水兵舞跳起来轻松活泼，富有朝气。采用迪斯科这样快节奏的音乐。但是，正宗的水兵舞应该是每小节六拍，而目前人们常跳的是每小节四拍，其实叫"拉手"，不过每小节四拍，显然更有利于人们熟练掌握，跳起来更加欢快。

动感的人体美

跳水兵舞时男女舞伴面对面站立，男伴两手张开，手心向上，女舞伴同样两手张开，手心向下，男女舞伴两手相扣。

对于基本舞步，男女舞伴都一样，第一拍左脚向前（用右脚亦可，依自己习惯而定），第二拍右脚在原地顿一拍，第三拍左脚向后，第四拍右脚在原地顿一拍，再就是两人换位。

水兵舞的基本脚法就是这两种，花样完全出自于手上，即完全是靠男士双手用力的大小、方向来引导女士做出各种好看的花样。

◎ 迪斯科

迪斯科，是20世纪70年代后期兴起的一种国际流行的交际舞形式。最初出现于美国的小城镇，来源于200年前由美籍非洲黑人所创造的爵士舞。其表现形式相当自由，舞蹈特点为胯部随着音乐节奏摆动或转动。其乐曲的特点是减少抒情性和旋律性，加强戏剧性和连续节拍，节奏十分强烈、突出。

Disco一词的原意为"放流行歌曲供人跳舞的夜总会"。据传1975年，美国一家公司特意为唱片夜总会灌制了第一张迪斯科唱片《永远不要说再见》，于是从小镇到大都市，从音乐到舞蹈，一股迪斯科热浪席卷了全球。

迪斯科舞最独特和最吸引人的地方在于与别人一起共舞，并不一定要跳同样的舞步，也不必用一种舞步把一支曲子从头跳到尾。因为舞者彼此之间没有身体的接触，可绝对自由地选择舞步、姿势和花式变化，长于即兴发挥，人数可多可少，适于将内心的冲动的自发概念转入动作。舞蹈时尽力放松各关节，全身协调一致，在人体像弹簧一样上下弹动的基本姿势中，可随意加入劳动或生活动作，使之富于戏剧性与生活情趣。

迪斯科在上世纪80年代初期传入中国后，得到迅速而广泛的普及，受到从老到幼各个年龄段人们的喜爱，成为一种群众性的舞蹈。迪斯科舞厅也随之遍及城镇。中国迪斯科舞的形式与气质，也基于中国的国情和民族性格而产生了新的变化。老年人的迪斯科舞蹈，一般被当作自娱兼健身的一种形式。

◎ 霹雳舞

1984 年以来，一阵霹雳舞的热潮从美国传播开来，遍及世界各地。成千上万的青少年投身到狂舞的海洋。

霹雳舞原名 Break Dance，具有"冲击开创"之意，要求舞蹈者弯身折腰至于极度，甚至有裂颈断骨之感。它具有冲击现有的舞蹈传统、开创另一境界的意向。

1984 年美国亚特兰大奥运会闭幕式上，几个黑人青少年伴着急风暴雨般的音乐节奏，摇摆舞蹈，翻腾跳跃；或全身倒立，以头触地，迅速旋转；时而挥舞双臂，时而两肩触地或头顶全身拿大顶，如同僵尸般机械地挥舞手

你知道吗

霹雳舞的起源

霹雳舞起源于美国，创始人是美国东海岸黑人歌星詹姆斯·布劳德。他于 1949 年在电视上唱新歌时，自己创作了一种稀奇古怪的动作，青年们竞相模仿，并在街头进行这种跳舞比赛。这种舞蹈传到西海岸洛杉矶后，又出现了模仿木偶机器人动作的舞蹈。美国东西两岸两大派街头舞蹈结合起来，就形成了霹雳舞。

脚。舞者与观者狂呼呐喊，一片狂热。有人认为是杂技加舞蹈，也有人说是舞蹈化的技巧运动。东南亚一些人士认为："霹雳舞跟芭蕾舞、马来舞、印度舞一样，只是一种新潮的舞蹈，也是一种难度较高的舞蹈。"

霹雳舞主要有三种形式：一种是用身体的某一部分做支点，做大风车般高速旋转或打滚等动作，或称"转舞"；另一种是舞者二人捉对表演，动作快，但不接触对方的身体，假如一方对另一方的动作不能做出及时反应，即算斗输，称作"斗舞"；最后一种是模拟木偶和机械人动作的"触电舞"或"公仔（木偶）舞"。霹雳舞没有悦耳的音乐，一般是乐声急促，节奏强烈，鼓的敲击尤为突出，几乎是一拍一节，配合着呼吸与踏步，犹如"霹雳"的响声。

动感的人体美

◎ 街　舞

　　街舞最早起源于撒哈拉以南的非洲，是爵士舞发展到 20 世纪 90 年代的产物。它的动作是由各种走、跑、跳组合而成，极富变化。并通过头、颈、肩、上肢、躯干等各部位及关节的屈伸、转动、绕环、摆振、波浪形扭动等连贯组合而成，各个动作都有其特定的健身效果，既注意了上肢与下肢、腹部与背部、头部与躯干动作的协调，又注意了组成各环节各部分的独立运动。因此，街舞不仅具有一般有氧运动改善心肺功能、减少脂肪、增强肌肉弹性、增强韧带柔韧性的功效，还具有协调人体各部位肌肉群、塑造优美体态、提高人体协调能力、陶冶美感的功能。

　　街舞是美国黑人由一种发泄情绪的运动演绎成的街边文化，特色是爆发力强。在舞动时，肢体所做的动作亦较其他舞蹈夸张。最吸引人之处，是以全身的活力带来热情澎湃的感觉。

　　以动作为标准，街舞分两大类：一类是个人的技巧街舞。个人技巧街舞是最早流行的一种街舞，因为它能体现年轻人精力旺盛的一面，他们的很多地面动作，譬如说翻滚、倒立、弹跳都是比较高技巧的个人街舞表演。另外一种就是集体街舞，是目前比较流行的街舞形式。它反映了大众的需要，跳起来比较简单，节奏感比较强，它既有舞蹈的感觉又有健身的作用。所以，目前比较普遍流行的是集体街舞。

中国书法欣赏

KUAILE YUEDU YISHU ZHISHI

　　书法是世界上少数几种文字所有的艺术形式，包括汉字书法、蒙古文书法、阿拉伯文书法等，其中中国书法是中国汉字特有的一种传统艺术，是指按照文字特点及其含义，以其书体笔法、结构和章法写字，使之成为富有美感的艺术作品。汉字书法为汉族独创的表现艺术，被誉为无言的诗、无形的舞、无图的画、无声的乐。

书法的艺术特征

◎ 抽象性造型特点

书法具有抽象性的造型特点，不直接模拟客观物象，不再现、反映具体的自然、生活场景。古代书论中所谓"各象其形"、"须入其形"、"若虫食木叶，若利剑长戈，若强弓硬矢，若水火，若云雾，若日月"（蔡邕《笔论》）的文字形象，是"无形之象"，是一种具有微妙暗示意义的形式符号。它可以使人联想到"高峰坠石"、"千里阵云"，但要说其笔画、结构就是巨石、云朵的形象模拟，那就大错特错了。文字本

是远离实物的符号，初始的象形文字已与现实事物有了相当大的距离，到了楷书、草书等就更难看出文字与实物外形上的直接联系。说横如"千里阵云"，是指一横画的笔意有千里阵云般开阔舒展之感。这种摹状更是一种气势、韵律、情态的暗示，是一种笔墨意味的探求，是在相似联想基础上的意味寄寓。赵孟頫习画鸟飞之形，是"使'子'字有这鸟飞形象的暗示"，习画鼠形数种，"是从'为'字得到'鼠'形的暗示，因而积极地观

察鼠的生动形象，吸收着深一层的生命形象的构思"。"生动"的审美意味使书法形象与具体的生命物象建立了暗示、联想的审美关系。对具有强盛生命力的审美物象的联想式意味摹状，使书法获得了概括而丰富的审美内涵。

　　书法不同于纯抽象的绘画，它不能脱离文字结构形式。汉字形体是书法不能舍弃的基本因素。一些书法创新论者认为，现代书法如果摆脱汉字结构形式，纯粹以线条为媒介，便可以更自由地进行审美创造、抒发情感。人们最愿把书法与音乐相比拟，认为书法的笔画形式如同音乐的乐符，笔画的曲直刚柔如同旋律、节奏的起伏变化。书法特有的表现媒介不单纯是笔画、线条，而主要是由笔画组成的文字结构形式。字形是书法构成中不能最终舍弃的因素。笔画不能脱离字形而孤立存在。与其说书法

中国书法欣赏

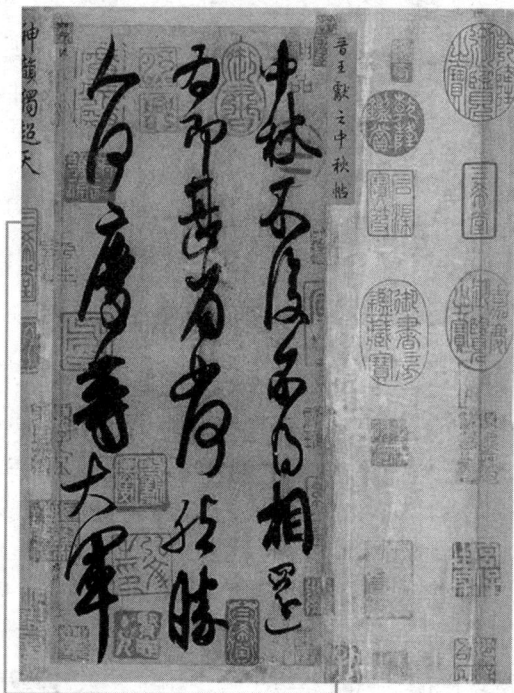

王献之的《中秋帖》

与音乐最相似，不如说它与表现性舞蹈更接近。书法之文字形式如同舞蹈之人体媒介，二者都有其诉诸视觉的外在造型形式。舞蹈以四肢、躯干的不同姿态、富有节奏性的运动，构成人体情感表现符号；书法则以曲直结合、短长变化、骨肉相称的笔画构成一个个富有生命活力的文字审美形象。文字形象是书法用来表现审美意味的感性形式。

　　由笔画构成字形可以说是一种特定的具象造型过程。文字有自己的形象

性，它以一种视觉结构形态存在，并被认同。书法造型的"象形"（像文字之形）与否，依据于某种既定认同图式。写的是不是字，不在于笔画线条样式，而在于笔画线条的组合方式。文字不像山水草木和楼堂衣冠等那样有可以触摸的特定物质实体，它是一种人造符号形式，呈现为一种结构状态。这种结构状态是可以凭视觉直观把握、凭既定图式加以认同的。此结构不是隐于事物内部，而是以较纯粹的笔画线条关系呈现于外的。

　　书法形象是以字形为基础的具象与抽象的统一。其"具象"特征使书法形象具有了完整性、可识性。书法笔画的"皆拱中心"是以字形结构为依据的，书法形象的空间方位与时间结构是以字形为基础的。文字形象使审美理解有了较明确的定向，避免了纯抽象绘画式的模糊难辨。其"抽象"特征又决定了书法的非摹拟性和非象形性。作为结构形态存在，字形不是对客观事物的直接摹拟。作为审美表现媒介，它更不能用来模仿、再现自然物象。对书法美的创造者来说，不能搞"文字画"，背离书法本性。对欣赏者而言，不能做具体的形象附会，而要注意从文字造型本身去体味抽象性的审美意味。

　　从文字形象自身看，它又是笔画与结构统一的双重媒介系统。字形结构之中的笔画线条是构造字形的因素，其本身又具有突出的表现功能。古代书法理论把笔画的书写——"用笔"放在审美要素的首位。在具象绘画中，线往往是描绘物象的一种手段，人们关注的主要是它所塑造的具体形象。而且，绘画造型因素还有色彩、明暗等等。而在书法之中，笔画是组成文字结构的唯一因素。所以说，字形结构也就是笔画线条本身的组合结构，文字形象就是笔画线条组合的感性形式。抽象绘画中的线条主要是以几何性的纯粹形态出现的，是比较单纯的。而书法的笔画线条则既是具有抽象表现力的，又是具有文字具象结构的。笔画的形态与结构，笔画与字形的相辅相成、和谐统一，使书法具有了既纯粹又丰富的表现力。

◎ 空间的连续造型性

　　书法具有时序性、方向性、联系性、连续性的"笔势"、"字势"，是书法造型空间的独特审美因素。造型空间的时间性，使书法比其他静态造型艺术更增添了许多审美内容。而时间过程的空间凝结，可以由结果推溯过程等特征，又使书法有别于一般时间艺术、表演艺术。

　　书法与绘画、雕塑等造型艺术形态比较，具有更突出的时间特征。书法造型是时间性的空间，书法审美形态是空间—时间性的形式。在书法笔画结构形态中，具有明显的先后、连续的时间性质。汉字书写的笔顺字序使书法形象构成具有了时序法则。具有物理意义的书写时间过程，在书作中存留为具有结构意义的造型时间形态。

　　书写顺序的合理安排，使笔势连贯，行气通畅。从篆书到隶、楷，再由隶、楷到行、草，从无严格笔顺到有笔顺规范，再由固定笔顺到变化笔顺，书家在书写顺序上的探究可谓大下力气。他们想方设法使前一笔与后一笔、前一字与后一字顺势过渡、不逆不背。甲骨、金文甚至小篆等，在笔顺上要求不严，没有统一的笔顺规范，书写时书家也有自己的笔顺习惯。隶书，尤其是楷书，先上后下、先左后右等笔顺规范确立了。其笔顺没有在映带呼应痕迹的笔画间得以"渡"势——

智永《楷书千字文》

"一画方竟，即从空际飞渡二画，勿使笔势停住"（张廷相、鲁一贞《玉燕楼书法》）。这种"空际飞渡"的书写，对笔画顺序的熟练程度有一定的要求。如果不是由第"一画"很顺畅地递进到第"二画"，而是有所滞顿，或者错误地递进到第三画、第四画，就会打乱先后的时间序列，"使笔势停住"。在行、草之中，与楷书的笔顺规范又有所不同。如果说，隶、楷的笔顺更基于一个字的笔画安排，那么，行、草的笔画顺序更受到字与字上下贯势的影响。

知识小链接

金　文

金文是指铸刻在殷周青铜器上的铭文，也叫钟鼎文。金文应用的年代，上自商代的早期，下至秦灭六国，约1200多年。金文的字数，据《金文编》记载，共计3722个，其中可以识别的字有2420个。

书法之"势"显现出笔画、结构的运动趋向。它使有限的形获得了延伸，并为这种延伸规定了方向。有了势的暗示，点画的收笔并不意味着点画的结束和此一空间的封闭。它为欣赏者提供了一个接续观看的轨迹，引导欣赏者过渡到下一个承应的笔画、空间。笔画的书写有自己的方向规定性。撇的自右上到左下，横的自左至右……在隶、楷书中是相对稳定的。而在行、草之中，则因特定笔势的要求，而有书写方向的变化。如"小"字左右点，左点变为自左至右，由左点递进、延伸到右点，右点则写为由右上到左下的引带之笔，暗示、规定了向下一个字的递进。草书中横画等的逆向书写也正是为了笔画与笔画、字与字之间方向性的联系、连续。

富有时序性、定向性、连续性的笔顺、字势、书势，使徒手书写的笔画、结构有秩序地成为一个整体。徒手书写不像美术字绘制那样可以打轮廓、反复修改，它的随机性、偶然性较强。而过分随意的书写必然导致紊乱。但有了时序和方向的规定，有了势的引导，众多笔画放在一起就不会无序而互相抵触，字与字、行与行也不会各自孤立地分布在纸面上。尤其是以"散乱之白"见长的行、草书，看似杂乱散落的章法布局，却有着内在的有机联系。"转左侧右"之"转"与"侧"达到字势相倚相连的统一。大疏大密的空间因为有了势的流通，便会疏而不散、密而不闷。徒手书写的个性自由有着理性化、规律化的秩序内涵。

　　富有时序性的定向的连续的文字书写，使书家的情感力度表现获得了造型形态上的节奏性与连贯性。书家不仅可以表现静态呈现的情感倾向、情感意味，更能传达动态变化的情感过程。绘画、雕塑重在描绘、塑造某一运动瞬间，所表现的审美意味、情感内容也呈现为相对固定的总体状态。而书法则又具有了音乐、舞蹈般的过程性，可以表现变化起伏的情感力度。尤其是那些长卷书法，一行行，一段段，字形或大或小，笔势或急或缓，起伏跌宕，变化多端。苏轼《黄州寒食诗卷》较充分地体现了这种特点。第1～4行，精严而庄雅；5～13行，锋实墨重，沉重凝涩，字形或欹或正，字势或舒或敛，擒纵交织；14～16行，字形硕大与精小参差，笔画厚重与清丽相间。怀素《自叙帖》亦然。其字奇纵奔放，笔轻墨枯，运笔疾速，至高潮处似狂风暴雨，一泻千里，字形大小变化，结体斜正呼应，连绵一气，诡异纵横。张旭《古诗四帖》、黄庭坚长卷大草，都给人以情感力度、审美意味起伏变化的连续性审美感受。

◎ 形为主、义为辅的形态

　　文字有形、音、义三要素。形对书法来说当然是首要的，但义也是不可或缺的重要审美因素。字义的审美因素无论是对书法的造型形式，还是对书法的审美情感意味，所起到的作用都是十分重要的。

　　从书法造型形式看，字义、语义、句义的识读及其关联，对书法笔画、结体、布局等具有视觉上、心理上的审美整合效应。因形见义是汉字的重要性质，由义联形又是书法造型及其欣赏的特殊规律。古代简札书法的间跳、转行，造成行间结构的大疏大密，但由于语义、句义关联，它们又是"行断义连"的，从而也有了结构上的连。古代文稿墨迹中的一些夹注、增删，自然造成行间的分合、轻重、密疏、虚实变化。这些特殊章法结构的可行性，正是来自于书法形象识读知觉的语义关联功能。隶书等字距疏、行距密的布局形式，在外在结构上把左右行间联系起来，而在识读性书写与欣赏中，上下间的字与字也得到整合联系，使整幅书法浑然统一。这种整合性识读知觉方式是形式性的、造型意义上的，而非概念内容和情感表现意义上的。

从书法的情感表现看，文字内容对书家的书写起到情感激发作用，也构成了审美欣赏的一条线索。书家在书写不同情感内容的文字时，产生相应的审美感受，形成不同的心境、情绪状态。"写《乐毅》则情多怫郁，书《画赞》则意涉瑰奇，《黄庭经》则怡怿虚无，《太师箴》又纵横争折。暨乎兰亭兴集，思逸神超；私门诫誓，情拘志惨。"（孙过庭《书谱》）《兰亭序》曰："群贤毕至，少长咸集。此地有崇山峻岭，茂林修竹。又有清流激湍，映带左右。引以为流觞曲水，列坐其次。虽无丝竹管弦之盛，一觞一咏，亦足以畅叙幽情。是日也，天朗气清，惠风和畅。仰观宇宙之大，俯察品类之盛。所以游目骋怀，足以极视听之娱，信可乐也。"面对这样的文词，书家怎能不心旷神怡、思逸神超呢？而《告誓文》则是王羲之在父母墓前所发的不再出仕做官

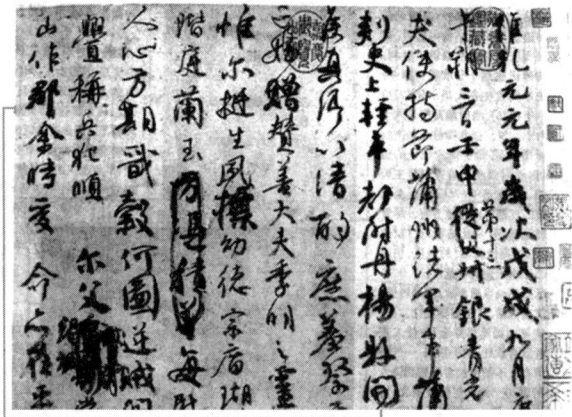

颜真卿的《祭侄文稿》

的誓言。官场不顺，冤家路窄，不得不称病辞官。这些确实叫人"情拘志

惨"。由于心境不同，所书写的作品便呈现出不同情感力度和审美意味的境界、气氛。"《祭季明稿》心肝抽裂，不自堪忍，故其书顿挫郁屈，不可控勒。""《告伯文》心气和平，故容夷婉畅，无复《祭侄》奇崛之气。"（王澍《虚舟题跋》）愤激的心境具有不平静、动荡剧烈的情感力度，"心平气和"则是与之相反的情感境界。书家的书写创造自觉或不自觉地表现了不同的情感意味。

文字内容为书法欣赏提供了一定的情感线索。欣赏者往往借助文词、字义去体味、把握作品的审美内容。读了《兰亭序》文，有助于品悟其书法的潇洒俊逸、平和舒畅的审美意趣。看了《祭侄稿》词，更便于体会视觉感受的跌宕率然、苍崛沉郁的气势神韵。但是在借助文词内容欣赏书法美时，要避免伦理道德、态度情感的直接比附和逐字逐句的形义对照。

文字内容与书法形式的审美对应点在于概括性、宽泛性的抽象审美意味和起伏变化的情感力度，而非具体明确的伦理化的情感态度。特定的文字内容使书家有所感，产生或喜或怒或哀或乐的情感反应。但这些具体明确的心理状态、情绪内容，在书法的抽象形象中是难以表达的。那种作为某种内在心理状态的感情，常常是艺术品的源泉，但并不是艺术品最后表现出来的东西。而只有文字内容中和书家心理因素中那种起伏变化的情感力度，和或奇纵、或潇洒、或沉雄、或典雅的抽象审美意味，才是书法可以表现的内容。从前面引文看，《祭侄稿》的文字内容具有悲凄之情，让人"心肝抽裂"，这些和书法形式并无直接的对应关系。而其不平和、不宁静的动荡情调、"奇崛之气"，则通过"顿挫郁屈，不可控勒"的笔画结构表现出来。如果硬要从书作中去寻找、比附非常具体明确的伦理、态度，则是以字义取代以字形为主的书法美，远离了书法美的性质。

字义与字形、文字内容意境与书法形式意味的和谐统一，是书法美的重要方面，它会给人以更丰富、更全面的审美享受。因此它成为书法美创造与鉴赏的重要审美尺度。《醉翁亭记》和《丰乐亭记》是欧阳修互为姊妹篇的著名散文。前者描写怡情山水与宴饮的欢乐："醉翁之意不在酒，在乎山水之间也。山水之乐，得之心而寓之酒也。"放逸、脱洒而大度、宽阔的胸怀溢于言表。文风骈散结合，平中见奇。《丰乐亭记》赞美社会安定、民享丰乐，描述自己欣赏山水的愉怡之情："民生不见外事，而安于畎亩衣食，以乐生送死。而孰知上之功德，休养生息，涵煦百年之深也。""修之来此，乐其地僻而事简，又爱其俗之安闲。既得斯泉于山谷之间，乃日与滁人仰而望山，俯而听泉。掇幽芳而荫乔木，风霜冰雪，刻露清秀，四时之景无不可爱。又幸其民乐其岁物之丰成，而喜与予游也。"行文平易而意境高远。二记在平和舒放的情感基调上融汇深沉阔大的胸襟，流

拓展阅读

欧阳修

欧阳修（1007—1072），字永叔，号醉翁、六一居士。汉族，吉安永丰（今属江西）人，北宋时期政治家、文学家、史学家和诗人。与韩愈、柳宗元、王安石、苏洵、苏轼、苏辙、曾巩合称"唐宋八大家"。著有《醉翁亭记》《秋声赋》《新五代史》等佳作。

畅简洁的文笔中又有顿挫跌宕的气韵。"雄古"而"秀媚"、"无意于佳"而自然天成的苏书（苏轼书），恰与此二记之意境风貌形成比较和谐的审美对应关系。

形与义的综合不是平分秋色。其综合是以字形为基础、为核心，用书法的视觉文字形象"同化"文字概念内容。文字概念、文学内容不能占据主导地位，否则，便把书法美变成了辅助的装饰。书法兼顾字义的综合形态，是以字形塑造为主导的形与义的和谐统一。

书法作品赏析

◎《张迁碑》

《张迁碑》是东汉中平三年（公元 186 年）所刻的著名隶书代表作品。又名《汉故谷城长荡阴令张君表颂》。此碑出土于明代，碑刻两面，碑阳额有篆书，现藏山东泰安岱庙内。因碑文字变化多体，所以顾炎武疑为后人伪刻。杨守敬在《平碑记》中说："而此碑端整雅练，剥落之痕亦复天然，的是原石，顾氏善考索而不精鉴赏，故有此说。"书法家李瑞清认为《张迁碑》结体用笔，和西周《大盂鼎》有密切的关系。这并不是说两者间在书法上有何继承关系，而是指两件作品在敦厚朴茂方面有近似的风格和审美价值。

《张迁碑》

《张迁碑》以方笔为主结字，字体也以方取胜，给人方正沉雄之感；而加之有横体结字和大小不齐的字与之相映，益显其生动可爱，是沉雄与生动这两者对立矛盾的完美统一。《张迁碑》是汉隶中方正雄强风格的典型代表。此碑貌似易学而得其神韵最难。学《张迁碑》的人中，以清何绍基能参己意自成一家。近代隶书风格与《张迁碑》近似的尚有著名书法家、金石家王福厂等。

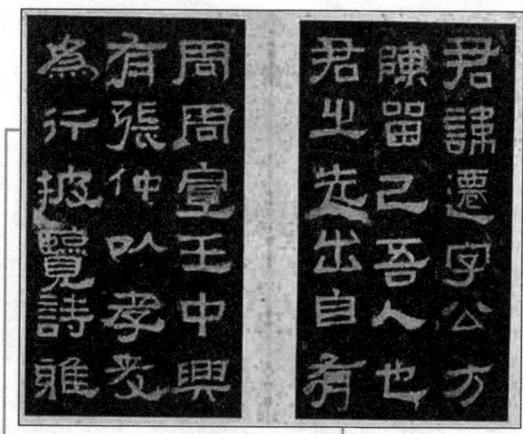

中国书法欣赏

知识小链接

方　笔

　　方笔指点画线条的外形而言，是区别书法风格在用笔方面的重要特征。方笔即笔画端处和运笔中呈方形，其特点是俊利挺拔，斩钉截铁。其方法：一种是藏锋逆入回收，折以成方；另一种是露锋入笔，横行竖下，竖行横下，速度略快。

◎《寒切帖》

　　王羲之是东晋著名书法家，字逸少，琅琊临沂（属山东峄县东北）人。7岁学书，少时曾学书于卫夫人，以后渡江北游，所见益广。他悉心研读过李斯、曹喜、蔡邕、钟繇、梁鹄的留世作品；师法张芝、钟繇，并博采众长，备精诸体，上承汉、魏雄奇瑰丽的书风，一变为妍美流便的新体，尤精行书，对以后历代书法家产生了极大的影响，被尊为"书圣"。

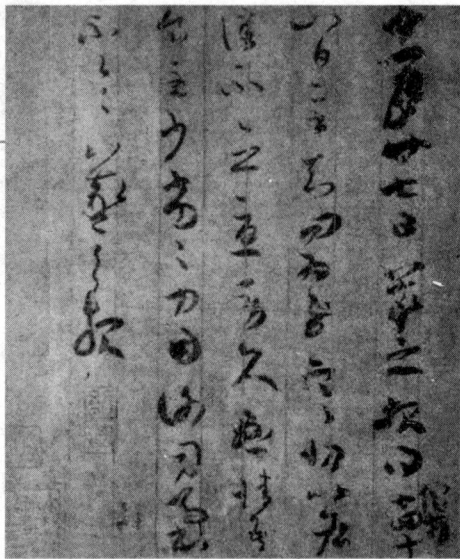

《寒切帖》

　　所谓"新体"，是一种流行于当时，易于书写的书风，也就是我们所说的行草，主要用作书写简牍。其实，这种所谓的"妍美流便的新体"，早在王羲之出生以前就已流行，从出土的西晋（265—317）书法作品残片《楼兰为世主牍》和《楼兰一日牍》可以看出，当时的行草书写已相当娴熟，并且两件书法作品残片的书风极似《寒切帖》。西晋陆机（266—303）所存真迹《平复帖》也可作为这一时代书风的佐证。由此可以看出，一代书风的演变和新体的产生，都深深地带有时代的特征。

作为"书圣"的王羲之，处在这一书法的变革时代，起到了推波助澜的作用；他所创的新体，集中体现了这一时代的行草书法的风貌。他可以说是新书体的集大成者。由于王羲之留世的书法真迹无存，这也给研究王羲之书法艺术留下很多悬而未决的疑案。但无论这些疑案怎样引起争论，对王羲之所传世的书法作品的审美价值，都是给予高度评价的。《寒切帖》又名《谢司马帖》，草书。从印章得知此帖曾藏绍兴内府。曾刻入宋代的《淳化阁帖》《大观帖》《澄清堂帖》《宝晋斋法帖》等名帖。此帖如行云流水，使转自如，飞逸多姿，体现了王羲之高超的书法技巧，是研究王羲之书法艺术的宝贵资料。

中国书法欣赏

◎《兰亭序》

晋人书法崇尚刚柔相济、骨肉相称、骨势与韵味和谐统一的中和之美，呈现出清和潇洒、含蓄蕴藉的审美境界。王羲之是晋人书法、中国古代书法中和之美的典范。志气平和的心境、情感力度，刚柔相济、质妍结合的审美意境，多样变化而又和谐统一的书法形式，在他那里得以完满地体现。

从风格性的情调趣尚和意味表现看，王羲之的书法又具体展示出灵和、潇洒的意境。《兰亭

拓展思考

《兰亭序》真迹殉葬

公元 352 年，王羲之与友人谢安、孙绰等人聚会于兰亭饮酒赋诗。后来王羲之汇集各人的诗文编成集子，并写了一篇序，这就是著名的《兰亭序》（又名《兰亭集序》）。传说当时王羲之是乘着酒兴方酣之际，运笔疾书此序。当这幅绝世书法珍品辗转到了唐太宗手里，他爱不释手，临死时用它来殉葬，从此《兰亭序》真迹不见了踪影。

序》是其代表作之一。

《兰亭序》在中锋与侧锋、藏锋与露锋的结合中，突出了侧锋、露锋的运用。这与他早期侧重中锋、藏锋的《姨母帖》不同。露锋斜切入笔，侧锋的拂掠、翻转，俊爽痛快。微曲之笔，流畅而挺利。纤细的线条，瘦而实腴。笔与笔交接过渡之处，牵丝引带，笔断意连，具眉目顾盼之妙。

在王羲之的行书作品中，《丧乱》等帖偏于行草，更加灵动跳荡。而《兰亭序》则采用行楷书体，既有行书的圆活随意，又有楷书的谨严规矩。清爽流畅的行笔，既写得笔笔起讫分明、扎扎实实，又灵动轻松、无一丝滞板。

此帖字无定法，形随势生。字形大都依所在行气的需要而俯仰变化，但又违而能合、变而不乱。又因字为形，大小、阔狭、长短、高低，姿态多样。结字呈欹侧之势，斜中取正。这种侧势又与后来宋人的欹侧之势不同。王的侧势是含和的，而米、黄等人的侧势则突出了飞扬肆张之气。

《兰亭序》运用了有序而不齐板的章法。纵有行，横无列。纵有行便于上下的有序连贯，横无列避免了状如算子的简单平齐。而在纵行中的上下字，又往往重心左右错落。有序的上下连贯书写，则生行气，而行中的左右错落，则行气不板。字与字、行与行疏朗有致。字距时疏时密，行距之间时宽时窄。行行分明又行行呼应，气脉连贯。

在书法史上，《兰亭序》具有极高的地位，被称为"天下第一行书"，受到广泛赞赏："右军之序《兰亭》，字既尽美，尤善布置，所谓增一分太长，亏一分太短，鱼鬣鸟翅，花须蝶芒，油然粲然，各止其所。纵横曲折，无不如意，毫发之间，直无遗憾。"（解缙《春雨杂述》）"右军《兰亭叙》，章法为古今第一。其字皆映带而生，或小或大，随手所如，皆入法则，所以为神品也。"（董其昌《画禅室随笔》）在他们看来，《兰亭序》达到了尽善尽美的程度。

人们往往将王羲之、王献之父子并称为"二王"。比较来看，王献之在中和的基调上更表现出神骏奔放的阳刚之境，而王羲之则更典型地体现

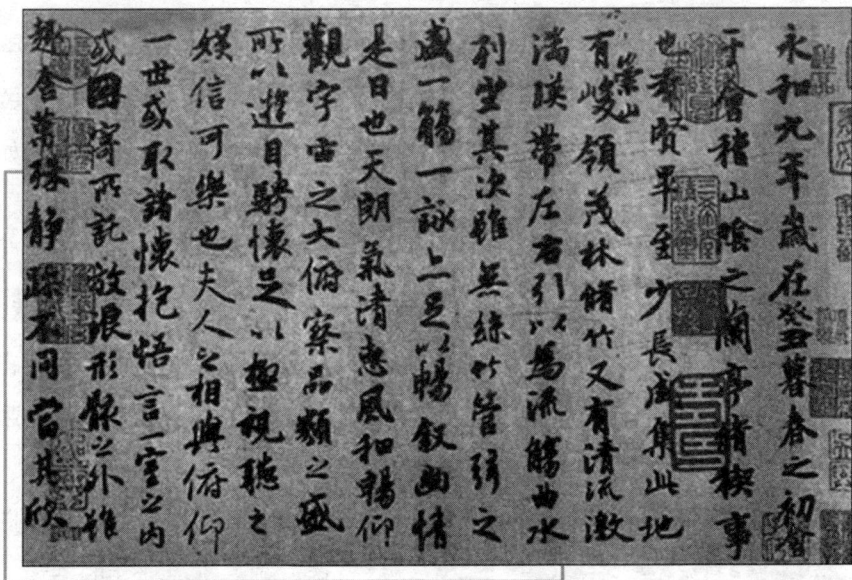

《兰亭序》

了含蓄而灵动的中和之美。"逸少秉真行之要，子敬执行草之权；父之灵和，子之神骏，皆古今之独绝也。"（张怀瓘《书议》）"灵和"者，温文尔雅，志气和平，灵动潇洒；"神骏"者，豪气纵横，威武神扬，宏逸遒健。

王羲之的中和之美又是"质"与"妍"的结合，既有平实朴质之意，又有潇洒妍美之姿。相对于汉魏、钟繇之质，王羲之更具妍态；而相对于王献之的宏放飞扬，王羲之更有含蓄之趣。

◎《颜家庙碑》

在唐代楷书艺术中，颜真卿于王书之外另开一路书风。初唐欧、虞、褚、薛主要是二王的继承者，而颜真卿"纳古法于新意之中，生新法于古意之外，陶铸万象，隐括众长。与少陵之诗，昌黎之文，皆同为能起八代之衰者。于

是始卓然成为唐代之书。"（马宗霍《书林藻鉴》）

《颜家庙碑》

《颜家庙碑》为颜真卿晚年之作，比较突出地代表了颜体楷书的特点："点如坠石，画如夏云，钩如屈金，戈如发弩，纵横有象，低昂有态。"（朱长文《墨池编》）展现了雄强、浑厚、壮伟、沉穆的审美意境。"年高笔老，风力遒厚，又为家庙立碑，挟泰山岩岩气象，加以俎豆肃穆之意，故其为书庄严端悫，如商、周彝鼎，不可逼视。"（王澍《虚舟题跋》）透过颜书雄浑壮伟的书境，我们感受到一股至大至刚的浩然正气，一种庄严正大的精神力量。

颜真卿把篆、隶笔法融于楷、行。以中锋铺毫为主，中锋圆劲，铺毫浑厚。笔画中段充实，两端不求过大顿头隆起，而用逆锋回笔使之含蓄。此碑与他碑不同，不是横细竖粗，而是二者大体均匀，显得更加浑朴。

点画肥壮，但肥不剩肉。它并非以丰腴的"肉"胜，而是突出了韧健的"筋力"。人们常说"颜筋"、"柳骨"。骨力侧重于坚实刚挺，而筋力侧重于韧健含忍。刘熙载《艺概·书概》指出："字有果敢之力，骨也；有含忍之力，筋也。"含忍的坚韧性具有刚柔相济的弹性之美。竖笔化直为曲，略向外弓，有郁勃张挺之势。

知识小链接

笔 法

笔法特指中国画特有的用线方法。中国书画主要都以线条表现，所用工具都是尖锋毛笔，要使书画的线条点画富有变化，必先讲究执笔，在运笔时掌握轻重、快慢、偏正、曲直等方法，这就是"笔法"。

王派书法大多以侧取势，结构左紧右舒，左右部分侧重相背之势，突出了伸展舒放的姿态。颜书则以正取势，略带弧形的对称之竖有向内环抱又向外扩展之势。结体以相向之势为主，使字势圆紧浑凝，蕴含着强大的内在力量。

此碑更显颜楷的朴拙之气。撇捺不伸展，缩敛，不像王派书法那样舒展流美。不同于《勤礼》《东方朔画赞》等碑的偏上重心和偏长结体，此碑重心居中，字形偏方，在视觉上有下压之感，增加了拙朴敦厚之意。清人王澍《虚舟题跋》云："评者议鲁公书真不及草，草不及藁，以太方严为鲁公病。岂知宁朴勿华，宁拙勿巧，故是篆籀正法。此《家庙碑》乃公用力深至之作。"字势拙里藏巧，正中有欹，平中蕴奇。

其结体、章法是充实与宽博、茂密与疏朗的结合。疏而不散，行距字距紧密充实，字势书势博大开阔。内空外满的结字又密聚在一起，封天盖地。但由于其结字的内部空间疏阔开朗，其茂密又不给人以拥塞窒息之感。

◎《自叙帖》

怀素，字藏真，湖南长沙人，是中唐著名的书法家。幼年时即出家为僧。因学无师授，曾拜学于邬彤。他勤奋学书，为了开拓自己的艺术境界，到了长安，接触到不少当时的书坛名流和古代书法真迹，顿时"豁然心胸，略无凝滞"。根据《自叙帖》中怀素对草书流源的论述来看，怀素是悉心研究过从

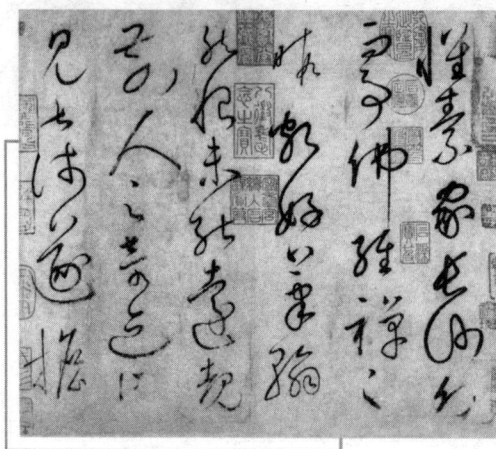

《自叙帖》

汉代起的各草书名家作品，从而形成自己"狂草"的风格。如果将书法比作音乐，那么，草书可以说是音乐中的交响乐。正如清刘熙载《艺概》中所说："草书之笔画，要无一可以移入他书，而他书之笔意，草书却要无所不悟。""书家无篆圣、隶圣，而有草圣。盖草之道千变万化，执持寻逐，失之愈远，非神明自得者，孰能止于至善耶？"怀素的狂草《自叙帖》，以篆入草，多用中锋一气呵成；其笔力劲健，全从肘臂发力至笔尖，使转和换笔处尤见功力。当时的诗人李白、钱起、戴叔伦等均有诗赞美怀素的书法。

　　《自叙帖》是古代书法作品中浪漫主义书风的杰出作品，行笔恣纵，"笔下唯看激电流，字成只畏盘龙走"。《自叙帖》记述了怀素自己的学书经过，以及当时名流对他书法作品的赞誉。他的书法被赞美为"奔蛇走虺势入座，骤雨旋风声满堂"；"寒猿饮水撼枯藤，壮士拔山伸劲铁"。特别是窦冀诗："粉壁长廊数十间，兴来小豁胸中气。忽然绝叫三五声，满壁纵横千万字。"生动地描绘了怀素书写时的神态和速度。

◎张旭、徐渭草书

　　唐代张旭的草书被称为"狂草"，明代徐渭的草书也被称为"狂草"。人们往往会把他们等同看待。从纵放动荡的书境看，他们有相通之处，不同于灵和、潇洒的王派小草。但二者之"狂"具有不同的美学性质。前者是古典"和谐美"基调上的"阳刚之美"中的"奔放"之"狂"；而后者则是属于含有丑和痛感因素的"崇高"美学范畴的"狂放"之"狂"。

张旭的"狂草"不脱离书法的基本形式美法度；而徐渭的"狂草"则冲破了书法形式美规范，具有了许多形式丑因素。张旭援篆笔中锋于草法，笔画圆转洒脱而又刚健劲挺。连绵流动，起伏跌宕，粗细相参。字与字、行与行参差错落，顾盼照应，浑然一体。时而如暴风骤雨，时而如雨珠夹雪。张旭的这种飞动奇纵的"狂草"，是"狂"而不乱法度的。"其草书虽奇怪百出，而求其源流，无一点画不该规矩者，或谓张颠不颠是也。"（《宣和书谱》）"变化多端，而未尝乱法度，张颠、怀素规矩最号野逸，而不失此法。"（姜夔《续书谱》）书势虽然纵放，但草书的笔法、字法、章法等等却并未抛却。草体结构正确，运笔提按、顿挫、转换适当。笔势奔放而不粗野，圆转而不流滑。他们是在熟练掌握草书法度规律的基础上，达到"从心所欲不逾矩"的自由书写境界的。"皓首穷草隶"（李颀《赠张旭》）、秃笔成冢的功夫已积淀在无意识的率意挥运之中。徐渭狂草则肆意挥扫，硬拉猛扯，有许多

张旭草书《肚痛帖》

破锋散笔，笔触忽轻忽重，线条突伸突缩，墨色浓淡干湿转换突兀，字的间架被打破，可识性被削弱，主笔和余笔、笔画和引带、实笔和虚笔缠绕混淆，字与字、行与行密密麻麻，拥塞错杂。激狂的情感如洪流般涌泻，冲破了古典美的形式。

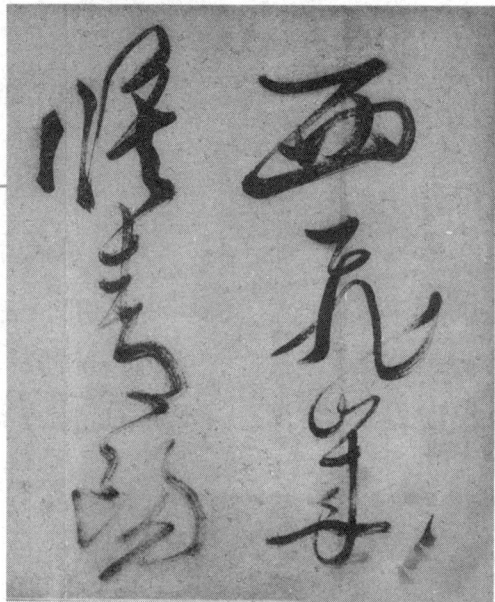

徐渭草书《白燕诗卷》

张旭的狂草虽然迅疾奔放，情感力度强盛，但不给人痛感、压抑感、不和谐感，而是给人以振奋激昂的审美感受；徐渭的狂草之狂逸恣肆，则让人产生震悚、惊骇、郁闷、压抑、心烦意乱之感。相对于王羲之灵和、潇洒的草书，张旭的情感力度是强盛的，其书很有纵狂之态。张旭为人豁达傥荡，人称"张颠"。他体味情感之起伏动荡，感受自然万物的千变万化，于"孤蓬自振，惊沙坐飞"之中悟得"奇怪"之趣，融参道家逍遥散放的精神气度。其书如"神虬腾霄，夏云出岫，逸势奇壮，莫可深测"（《海岳书评》）。面对张旭之草，观者的心境不是平静悠闲，而是振奋激昂。虽然强盛的情感居于主导地位，但由于它在总体上未超出书法形式美规范，并不让你产生冲突的痛感。徐渭狂草则反秩序，反和谐，肆狂杂乱，不给人愉悦的审美快感。"强心铁骨，与夫一种磊落不平之气，字画之中宛宛可见，意甚骇之！"（参见何乐之《徐渭》）人们得到的是以震悚、惊骇为主的复杂的情感刺激。对它的鉴赏，更需要理解、体悟其独特的精神意蕴。

张旭之情是"豪情";徐渭之情是"狂情"。张旭虽然强盛的情感居于主导地位，但情感与理智、感性与理性等因素在总体上是统一的。他虽然豁达怳荡，豪气十足，但并未真正进入肆狂的精神境界。而徐渭则突出了情与理、个性与社会的尖锐对立。其狂放情感之剧烈难以同理性、同社会相融合。张旭作书与酒有不解之缘。但他主要是借酒兴唤起激情、豪情，进入一种兴奋、散放的创作境界。徐渭则命运坎坷，几多磨难，豪荡不羁，狂放至极。悲愤之中精神几近疯狂。愤世嫉俗的郁积情怀激荡不已，肆意地喷发于诗文、词曲、书画之中。"其胸中又有勃然不可磨灭之气，英雄失路、托足无门之悲。故其为诗，如嗔如笑，如水鸣峡，如种出土，如寡妇之夜哭、羁人之寒起。"（袁宏道《徐文长》）其诗如此，其狂草更是把冲突震荡的心境化为视觉形象，使之得以尽情宣泄。他说过："吾书第一，诗次之，文次之，画又次之。"正是因为狂放的书写，最能淋漓尽致地抒发心中郁结、不平、愤激之情。

张旭之书意是"奔放"，充分体现了唐代书法"阳刚"之美的审美理想；徐渭之书意是"狂放"，是明代具有浪漫主义精神和"崇高"美学性质的"狂放"书风的典型。在中国古代书法发展史上，中和、阳刚、阴柔、狂放之境是不同情感力度的审美意味表现。"中和"、"阳刚"、"阴柔"是以和谐美为基调的，它们突出主体与客体、个人与社会、情感与理性及其形式美因素的和谐统一，给人以愉悦的审美快感。

张旭的狂草是神奇的"神品"，而徐渭的狂草则是狂逸的"逸品"。"神品"突出变化创新，而其千变万化、创新出奇是自然天成的。"气韵生动，出于天成，人莫能窥其巧者，谓之神品。"（陶宗仪《辍耕录》）它往往产生于"兴会"、"神会"的率意挥写之时。此时心手两忘，不期然而然，又不知其所以然，达到神不可测的境界。但是它又是妙合法度的，是以深厚扎实的功夫、技法为根基的。"人莫能窥其巧"，但其中又必有其"巧"。"此时之忘规矩，乃由规矩之极精极熟，而实仍在规矩之中。"（徐复观《中国艺术精神》）从颜真卿《述张长史笔法十二意》一文中，可见张旭对书法形式美法度、规律的孜孜以求。张旭在酒兴之中信笔挥运，写出灵动奇变的新型大草，"既醒自视，以为神，不可复得也"（见《新唐书·李白传》）。这是"无意"书写与"有意"功夫的和谐统一。以规矩法度为参照点来比较"神"、"妙"、"能"、"逸"四品，可以看出："神"是"忘规矩"——从心所欲不逾矩，自然灵变；"妙"是"用规矩"——功深技熟，符合法度；"逸"则是"超规矩"——纵任无方，不拘常法，不入时趋；"逸"者有二：一为淡逸、清逸，一为狂逸、野逸。前者清空简静，平淡冲和，一片超尘出世之境。后者纵横恣肆，狂野粗放，一股狂者猛士之气。徐渭是后者的典型。"逸品"、"纵任无方"（窦蒙《〈述书赋〉语例词格》），"不拘常法"（朱景玄《唐朝名画录序》）。徐渭无视法度、传统，具有强烈的叛逆精神，处处强调鲜明的个性，唯我独宗，唯情是尚。他说："师心纵横，不傍门户。""从来不见梅花谱，信手拈来自有神。"即使临摹，也主张有"我面目"、"己笔意"："凡临摹直寄兴耳。铢而较，寸而合，岂真我面目哉?"（《书季子微所藏摹本兰亭》）"逸品"强调"不入时趋"（恽格《南田画跋》），反对"时俗"。在"逸"的眼界中，突出古典形式美的秀雅、精巧之作是"入时趋"的，而在世人眼中看不惯的、不以感性愉悦为主的肆野、粗拙、不修边幅的因素，则占有较重要的地位。徐渭恰恰是以这些不雅的成分营造出纵狂恣肆的气氛。

　　理解了张旭狂草与徐渭狂草的不同审美性质，对书法学习、借鉴和欣赏具有极大的启发、指导意义。张旭的"阳刚"、"奔放"之草有比较规范的形式美法度、规律，徐渭的"崇高"、"狂放"之草则更是个性的率意发挥。对张旭的借鉴可从审美意味与表现形式两方面入手，而对徐渭的借鉴则主要应在审美精神、艺术境界中去体悟、融会，不能片面地模仿其破碎散乱、拥塞错杂的笔墨结构。对徐渭、明人狂草的鉴赏不能以一般的形式美为尺度，而更要注重这种独特审美形态所体现的时代意义、个性特点，领略、把握其内在的精神价值，评价它在审美理想发展演变中的历史地位。"逸品"是值得推重的，但够得上"逸品"的狂放，是出自真情、自然率意的。刻意仿效，强作狂态，只会充斥着做作之气。"逸品"尤重"不入时趋"。当人们一窝蜂似的都去追求狂怪肆野，以此为时髦时，它便又成了一种时俗，失去了"逸"的真意。

◎米芾行书

宋代"尚意"。重个人意趣、情怀、性格的自由抒发表现，成为总的审美要求。真率畅意是其基本的审美格调。尚意趣，尚真率，使宋代书法在书体上突出了行书。宋人行书"尚意"风貌，在米芾的书法中得到更充分的体现。

米书痛快超迈。不同于所谓"勒字"、"排字"、"描字"、"画字"，他以"刷字"著称。一个"刷"字，表明其书写的率意放达、无拘无束、翻飞自如。他主张"无意"、"率意"，倡导随意而发、一气呵成的"一笔书"，反对"刻意"。大胆的侧锋，"四面"俱到的挥运，正侧、掩仰、向背、转折、提按的自由书写，展现了酣畅洒脱之势，透露出英锐神骏之气。

米芾的"刷字"，既痛快又沉着，使疾笔与涩笔有机结合。笔毫铺裹变化，丰实而空灵。转折处常翻毫折锋，运笔爽畅，顿挫分明而不胶着，有风驰电掣之势。点画挺利，在节奏的起伏中快速的铺毫摩擦使线条产生涩劲的力度。米芾的运笔是干净利落的，但在这种迅畅的运笔中，笔画起收转折的笔路又是十分清晰明确的。激越跳荡，富于明快而强烈的点线节奏。运笔行墨熟而

拓展阅读

米 芾

米芾（1051—1107），字元章，号襄阳居士、海岳山人等，汉族，祖籍太原，北宋书法家、画家、书画理论家。米芾善诗，工书法，擅篆、隶、楷、行、草等书体，长于临摹古人书法，可达到乱真程度。曾任校书郎、书画博士、礼部员外郎。

巧。但由于其力度和涩感的结合，所以熟而不浮滑，巧而不忸怩。他提倡"把笔轻"，从而以轻松的执笔达到自如洒脱的运笔效果。

在率意自然的书写中，笔画姿态丰富，字形灵动多变，奇态百出。尚奇，但奇而不怪，灵动而不诡谲。学者如一味尚奇，则失之矣。

字距密集，上下贯通一气。虽然字与字大都不连绵书写，但笔断字断而气连，一气呵成，笔势行气明显。结字俯仰之间，照应映带有致。打破了行款的单调直线，每一行左偏右侧，行气波动而畅达。

用墨浓淡枯润相间，湿笔丰润而不乏骨力，飞白劲爽而不轻飘。在他迅疾的挥运中，浓墨饱笔铿锵酣畅，干渴燥枯之处纵驰放达。

其大行书和小行书比较来看，大行书更多纵放肆张，小行书更多率意洒脱。小行书尤以手札尺牍更显自然。他对自己家藏真迹跋尾的小行书颇为得意，认为它们"随意落笔"，得"自然"之妙。

米书能让人远观其势，近取其质，获得丰富的审美享受。既有骏马奔腾、排山倒海的气势，又有精到绝伦的点画微观妙趣。

米书的超迈神骏之气融会了王献之笔意。晋代"二王"并称，但"二王"的书风又有所不同。王羲之志气和平，不激不励；王献之超拔纵横，恢弘道健。正所谓父之"灵和"，子之"神骏"。后世崇尚奔放率意书风的，大多宗法"小王"。米芾在取法、融参王献之笔意基础上，进一步发扬了纵放率意之气。同王献之的"神骏"、"逸气纵横"比较来看，米芾更多了一些纵放怒张的因素。"小王"神骏的阳刚之气是以中和之美为基调的，而米芾的书境中则有了一些不中和的色彩。但正是这些不中和的因素使宋书的个性特点得以尽情展露。

◎ 赵孟頫《妙严寺记》

赵孟頫是元代书法的典型代表，清雅、精熟是其书法的主要审美意境。《妙严寺记》较突出地体现了赵书的特点。它精纯流美，不似欧书剑戟森严，不似颜柳筋骨挺拔，有一种雍容华贵的舒徐气象。

赵书更显示了书写创造的精熟、精到、工巧之美。他以深厚的功力、纯熟的技巧，保证了书写的精确工致，突出了完美和谐的形式美。赵孟頫精到工巧的审美意味、深厚娴熟的书写功夫，是具有一定的审美价值的，不能简单地斥之为甜熟媚俗。其精到完备的形式美，对书法学习有着较大的启示作用。清末杨守敬称颂《妙严寺记》"无一稚笔，所以独有千古"，可见其艺术成就的一个重要方面。

拓展阅读

元代书法

总体来看，元代书法基本上是继承古代名家的书体，变化不大，行书、楷书、草书居多，篆书、隶书较少。赵孟頫是元代书法的代表，其楷、行、草、篆、隶各种书体都写得很好，被当时和后世的许多人推崇仿效，影响很大。

中国书法欣赏